하나님이 하십니다!

가로 막고 있는 ● 역경의 산을 ● 오를 힘이 ● 없을 때도

하나님이 하십니다!

정경주 지음

나침반

"정말, 하나님이 하신거네요!"

추석에 남편이 학교 강의를 휴강하니까 미국에 가자고 했다.

나는 왠지 금년엔 미국에 가고 싶지 않았다. 이곳에 남아서 무언가 해야할 일이 있을 것 같기도 하고… 어쩐지 마음이 내키지가 않았다. 그래서 남편은 혼자 미국에 가기로 했고 나는 3개월 후에 크리스마스때 아이들과 시어머님을 뵈러 미국에 함께 가기로 했다.

그런데 남편이 출국하고 난 이후, 텅 빈 집안에 혼자 있자니 적적하기도 하고, 남편을 따라가지 않은 게 은근히 후회도 되면서 남편이 없는 2주동안 무얼하고 지낼까 고민하기 시작했다.

그래서 난 이런 기도를 했다.

"하나님, 남편도 미국 가고 없고, 언니와 형부도 미국에 갔고, 저는 한국에 방문할 가족도 없는데 저 혼자서 2주 동안을 지내게 되었네요. 그래도 하나님께서 저와 함께 계시니 정말 다행입니다. 제가 앞으로 2주 동안, 시간을 보람되게 지낼수 있도록 함께 해 주세요."

기도를 하고 난 다음날 내 휴대폰에 문자가 와있어 보니 지난번에 간증 찬양 집회를 갔던 군부대에서 나의 처음 저서 〈하나님이 하셨어요!〉에 서명을 해서 보내달라는 문자를 남기셨다. 곧 보내드리겠다고 말씀드리고 출판사에 책을 주문했다. 그런데 그날 오후에 갑자기 예정에 없이 나침반출판사 김용호 대표님과 만나게 됐다.

그동안의 이야기를 나누는 중에 김대표님께서 내게 말씀하셨다.

"교수님, 그동안 상담 공부를 하고 상담실을 오픈했다면서요?"

"네, 근데 그건 어떻게 아셨어요?"

"소문 들었어요. 그런데 어떻게 상담실을 오픈하게 되셨어요?"

나는 상담실을 오픈하게 되기까지 하나님께서 어떻게 인도하셨는지를 대충 말했는데 김대표님은 내게 말씀하셨다.

"그럼 지난 번 〈하나님이 하셨어요!〉 책 이후에 있었던 이야기 부터 상담센터를 오픈하기 까지의 간증을 쓰시면 되겠네요."

그 말씀을 듣고 나는 솔직한 나의 심정을 털어놓았다.

"대표님, 사실은요, 제가 그동안 상담 공부 하면서 틈틈히 지난번에 〈하나님이 하셨어요!〉 책과 〈승리할 수 있어요!〉 이후에 있었던 간증들을 컴퓨터에 저장해 놓은채 기도만 하고 있었어요. 그런데 오늘 대표님께서 이렇게 갑자기 오셔서 제게 말씀하시니 '이것도 하나님께서 인도하신것이 아닌가?' 하는 생각이 드는데요…."

"그러게요. 우리는 그냥 하나님께서 인도하시는대로 순종만 하면 되죠 뭐."

말 나온 김에 나는 좀 더 구체적으로 나의 속마음을 털어 놓았다.

"사실 〈하나님이 하셨어요!〉를 읽으신 독자들이 2권은 언제 나올 거냐고 물으실때 마다 제 마음에 부담이 컸어요. 왜냐하면 〈하나님이 하셨어요!〉를 많은 분들이 사랑해 주셨고, 또 2권에 대한 기대들을 하시니까 2권을 출판한다는게 부담스럽고 자신이 없어서 여태 미루고 있었답니다…."

그 말을 들은 대표님은 정색을 하며 내게 말씀하셨다.

"아니, 그게 무슨 말씀이세요? 그냥 지난번 책 처럼, 있는 그대로, 순수하고 진솔하게 쓰시면 되요. 지난번 책이 젊은이들에게까지 그렇게 잘 받아들여진 건 내용에 진정성이 있기 때문이라고 생각해요. 그러니까 이번에도 있는 그대로만 쓰시면 돼요. 요즘 현대인들은 진정성에 목말라 하거든요…."

그리고 나서 잠시 생각하시더니 단호한 어조로 내게 말씀하셨다.

"이달 말까지 원고를 보내주세요."

그 말씀을 들은 나는 깜짝 놀라 다시 물었다.

"네? 이달 말요?"

나는 그래도 자신이 없어서 확답을 못하고 망서리고 있었다. 잠시의 침묵이 흐른 후에 나는 대표님께 기도해 주시라고 말씀드렸다.

대표님께서는 그 소란한 커피숍에서 선뜻 기도를 해주셨다.

"하나님, 지난번 책을 수십만명이 읽었고, 그 책을 통해서 많은 사람들의 삶이 변화된 것을 아십니다. 이번 책을 통해서도 하나님의 영광이 나타나고, 수많은 영혼들이 하나님께 더욱 가까이 나올 수 있도록 함께 해 주시옵소서. 정교수님께 성령께서 함께 해 주시고, 우리가 이 책을 잘 만들 수 있도록 지혜를 주시옵소서. 예수님의 이름으로 기도합니다. 아멘!"

그날, 커피숍에서 있었던 이 간단한 대화와 기도가 나에게 동기부여와 용기를 북돋워 주었다. 그러기에 그날부터 나는 그동안 컴퓨터에 저장해 놓았던 원고를 다시 꺼내어 정리하기 시작했다.

새벽에 일어나서 하나님과 조용한 시간을 보낸 뒤에 곧바로 컴퓨터 앞에 앉아서 그동안 입력해 놓았던 원고들을 정리하기 시작했다. 원고 정리에 장시간 열중하다 보니 식사 시간도 잊어버리고 그 일에만 집중했다. 문득 문득 '이럴 때 남편이 옆에 있었으면 계속 식사 준비하느라고 원고 정리에 집중하기 어려웠을텐데 참 다행이다…' 하는 생각마저 들었다. 추석 연휴라서인지 전화도 별로 안오고, 원고 정리를 하기엔 최적의 환경이었다.

그런 생각을 하다 보니 지난번에 했던 기도가 맘속에 떠오른다.

"하나님, 남편도 미국 가고 없고, 언니와 형부도 미국에 갔고, 저는 한국에 방문할 가족도 없는데 저 혼자서 2주 동안을 지내게 되었네요. 그래도 하나님께서 저와 함께 계시니 정말 다행입니다. 제가 앞으로 2주 동안, 시간을 보람되게 지낼 수 있도록 함께 해 주세요."

하나님께서는 자신이 없어서 책 원고 정리를 미루며 망설이던 나에게 출판사 대표님을 갑자기 보내 주셨다. 그리고 내게 동기 부여와 확신을 심어 주심으로 원고 정리를 시작하게 하셨다. 아울러 추석 연휴 동안의 시간을 보람되게 지낼 수 있도록 인도해 주시라는 기도 또한 이렇게 응답하셨음을 확신시켜 주심으로, 원고 정리에 더욱 힘을 부어 주셨다.

책을 쓴다는 것이 오랜 시간의 수고와 기다림이 따르지만 이처럼 확신을 가지고 끝까지 도전하고 새로운 시도를 거듭하면서 정말 하나님께서 이루고자 계획하신 독특하고 소중한 작품을 만들어 나아가는 그 과정에서 나는 행복을 느낀다….

무슨 일을 하든지 마음 속에 동기 부여와 확신이 있을 때, 그 일을 즐거운 마음과 지치지 않은 열정으로 할 수 있게 된다. 지금 내가 하고 있는 일, 내가 꿈꾸고 있는 일이 하나님께서 원하시는 일이라는 확신이 있을 때 상황은 어려워도 그 확신을 붙잡고 실천에 옮길 수 있는 용기를 얻게 된다. 물론 확신하는 길을 달려가다가 내 앞에 가로막고 있는 큰 산을 오를 힘이 없어 주저앉을 때도 있다. 그럴 때마다 나는 내가 처해 있는 상황이나 나 자신의 연약함으로부터 눈을 돌려 그 산을 만드시고 나를 만드신 하나님을 바라본다.

나 자신과 나를 둘러싼 상황을 보면 불가능과 연약함만 보인다. 하지만 '지금까지 함께 하셨던 하나님께서 이번에도 함께 하실 것이라'는 믿음으로 다시 일어서면 용기를 내어 다시 그 산을 오르게 된다. 그런 믿음으로 산을 오르고 또 오르다 보면 언젠가 목적지에 도달하게 될 것이라는 소망이 있기 때문이다. 그 소망 가슴에 품고 이 책을 하나님 손에 올려 드린다.

하나님의 역사를 기대하며

정경주

"너희가 시작할 때에 확실한 것을 끝까지 견고히 잡으면 그리스도와 함께 참예한 자가 되리라"(히브리서 3:14)

차례

제1부

소원을 이루어주시는 하나님

동기 부여와 확신

"하나님 아버지, 저의 삶 전체를 하나님께 올려 드렸지만 금년 한 해 동안에 하나님께서 저의 삶을 통해서 이루고 싶으신 소원을 말씀해 주세요. 그리고 아버지의 소원이 저의 삶을 통해서 이루어지는 한 해가 되도록 인도해 주세요."

2004년 연초에 하나님께 나아가 여쭈어 본 기도이다.

그렇게 기도하는 나의 마음속에 하나님께서 말씀해 주셨다.

"그동안 너의 삶가운데 사람들이 어떻게 이런 일이 있을 수 있느냐고 물을 때마다 '하나님이 하셨어요!'라고 대답할 수 밖에 없었던 간증들을 모아서 〈하나님이 하셨어요!〉라는 제목으로 책을 써라."

　사실 그때까지만 해도 책을 쓰는 것은 작가들이나 할 수 있는 일이지, 나 같은 사람은 감히 상상할 수도 없는 일이라고 생각되었다. 그래서 나는 하나님께 변명을 늘어 놓기 시작했다.

　"하나님 아시다시피 저는 작가도 아니고요, 책을 한번도 써본 적이 없는 사람이잖아요. 게다가 지금도 이렇게 바쁘고 힘든데 제가 어떻게 책을 쓰겠습니까? 아무래도 그 일만은 제가 할 수 있는 일이 아닌것 같습니다…."

　그러고 나서 한참 생각해 보니 하나님께 죄송한 생각이 들었다. 기껏 하나님의 소원을 내게 말씀해 주시고 그 소원이 나의 삶을 통해서 이루어 지는 한해가 되게 해 주시라고 기도해 놓고서는 책을 쓰라고 하시니까 그 일은 못하겠다고 하니, 나 자신도 염치없게 느껴져서 다시 이렇게 기도했다.

　"하나님 아버지, 아버지께 순종은 하고 싶지만요, 지금은 아무래도 너무 바쁘고 힘들어서 못할 것 같아요. 그리고 책을 쓸 자신도 없고, 저는 책을 어떻게 쓰는 건지도 모릅니다. 무엇부터 어떻게 시작해야 할지 조차 모르겠습니다. 차라리 이 다음에 한가할 때 다시 생각해 보겠습니다."

　그렇게 미루는 나에게 하나님께서 다시 말씀하셨다.

　"이 다음에 아무도 정경주라는 사람이 누구인지 모를 때 책을 쓰는것 보다 지금 쓰는 것이 더욱 효과적이 아니겠느냐? 책을 써서 많은 사람들에게 읽혀야지, 책꽂이에 꽂혀 먼지만 쌓이면 무슨 소용이 있겠느냐? 금년에 그 책을 쓰는 것이 좋겠구나…."

하나님께서 그렇게 인내롭게 설명을 해 주셨건만 나는 너무나도 자신이 없어서 이 부담스러운 짐을 차라리 하나님께 넘겨 드리기로 마음 먹었다.

"하나님, 저는 도저히 책 쓸 자신이 없습니다. 하지만 하나님께서 정녕 제가 이 책을 쓰기 원하신다면 합당한 동역자를 한사람만 보내 주세요. 그러면 제가 그 분이 하라는데로 따라만 가겠습니다."

그런 기도가 있은지 얼마 후에 극동 방송에서 방송을 마치고 나오는데 나침반출판사 김용호 대표님과 친교실에서 만나게 되었다. 그 분도 극동방송에서 방송사역을 하고 계셨다.

잠시 커피를 마시고 난 대표님은 내게 말씀하셨다.

"정교수님의 방송을 들으며 생각했습니다. 일상 생활속에서 일어나는 그런 진솔한 간증들을 책으로 쓰면 많은 사람들에게 도움이 될 거라구요….

그 말을 듣는데 갑자기 나의 가슴이 쿵! 하더니 얼마 전에 한 기도가 떠올랐다.

"하나님, 저는 도저히 책 쓸 자신이 없습니다. 하지만 하나님께서 정녕 제가 이 책을 쓰기 원하신다면 합당한 동역자를 한사람만 보내 주세요. 그러면 제가 그 분이 하라는대로 따라만 가겠습니다."

하나님께서 동역자 보내주시면 그 분 하라는대로 따라만 가겠다고 내입으로 기도했으니 이젠 더 이상 변명할 여지가 없다는 것을 마음속에 깨달으며 나는 앞에 앉아 계시는 김용호 대표님께 말씀드렸다.

"대표님, 저는 한번도 책을 써본적도 없고, 작가도 아니지만요, 하나님께서 제게 동역자 한분 보내주시면 그분이 하라는데로 따라만 가겠다고 약속했거든요. 그런데 오늘 대표님을 뵙고 보니, 하나님께서 대표님을 저에게 동역자로 보내주셨다고 믿어지네요…. 하나님께서 하나님의 몫을 하셨으니 이제 저도 제 몫을 해야겠죠…. 대표님이 하라고 하시는대로 따라만 가겠습니다."

그렇게 해서 결국 나의 첫번째 간증집 〈하나님이 하셨어요!〉가 쓰여졌다.

그 후, 나의 기대와 상상을 초월하는 놀라운 일이 일어났다.

발도 없는 책이 민들레 씨앗처럼 온 세계에 퍼져 나가기 시작하더니 그 책을 읽은 국내와 해외의 수많은 교회들과 기독교 기관에서 간증 찬양 집회 요청이 들어오기 시작했다. 그때 나는 갑상선과 경추신경, 중추신경 디스크를 앓고 있었기 때문에 서 있기도 힘들 때였는데, 우리 어머니께서 그런 나를 위해 이렇게 기도하고 계셨다.

"하나님, 우리 딸 병 고쳐 주시고 온세계 만방에 나아가 하나님의 영광을 찬양하게 하옵소서!"

하나님께서 그 책을 통해서 어머니의 기도를 응답하실 줄 누가 알았겠는가?

하지만 나는 알았다. 하나님께서 우리 어머니의 기도를 들으시고, 그 책을 통해서 나에게 새로운 사역의 문을 열어 주셨다는 것을….

사역 초기에 나는 몸이 허약해서 테이블과 의자를 놓고 앉아서 간증과 찬양을 했었다. 간증 찬양 집회를 마치고 집에 돌아오면 다음날은 온 종일 자리에 누워서 앓았다. 어떤 때는 간증 찬양 집회를 마치자 마자 구급차에 실려가서 낯선 응급실에 누워 캄캄한 어두움 속에서 "예수님, 예수님!"을 부르며 밤을 새 운 적도 있었다. 그렇게 힘겹게 간증 찬양 사역을 시작했지만 지금은 몇시간이라도 서서 간증과 찬양을 할 수 있도록 하나님께서 건강도 회복시켜 주셨다. 이것 또한 하나님의 은혜의 선물임을 간증하지 않을 수 없다.

사실 처음에 〈하나님이 하셨어요!〉 책이 출간되었을 때 나는 그 책을 나의 멘토이자 은인이신 김장환 목사님, 이경숙 총장님, 하용조 목사님께 드리려고 서명을 해서 봉투에 넣어 놓고 찾아뵐 날을 기다리고 있었다. 그러던 어느 날, 마음 속에 이런 생각이 들었다.

'아니, 한 여인의 삶속에 있었던 자질구레한 일들을 쓴 책을 어떻게 이 분들에게 갖다 드리지? 이런 이야기들을 책으로 썼다는 자체가 부끄러워서 못 갖다 드리겠네…. 차라리 드리지 않는게 좋겠다.'

그런 생각때문에 결국 그 책들은 서랍속에 감추어지고 말았다. 그런데 얼마 후에 나침반출판사 대표님께서 그 책과 관련된 인터넷 기사들을 보여주셨는데 나는 정말 나의 눈을 의심하며 보고 또 보았다.

'아니 어떻게 이런 일이 있을수 있단 말인가! 작가도 아니고, 책을 한번도 써본적이 없는 사람이 쓴 책이 어떻게 베스트 셀러가 될 수 있단 말인가?'

아무리 그 이유를 생각해 보아도 역시 그 답은 하나 밖에 없었다.

"하나님이 하셨어요!"

그 경이로운 기적에 힘입어 두 번째 책 〈승리할 수 있어요!〉를 쓰게 되었다. 그 책을 쓰게 된 것도 순전히 하나님의 인도하심이었다. 나는 그때 지극히 낙심되는 일이 있어서 사역을 포기하고 싶은 심정으로 깊은 절망감과 좌절속에 빠져 있었다. 그런 나에게 하나님께서는 한집사님이라는 분을 통해 새로운 사명을 주신 것이다. 그리고 아주 생생한 방법으로 그 사명에 대한 확신을 가지고 책을 쓸수 있는 원동력을 부어 주셨다.

어느날 방송국 직원 두분이 간증 찬양 집회에 가기위해 나를 픽업하러 왔는데, 손에 컴퓨터를 들고 들어오셨다.

"팀장님, 그 컴퓨터 어디서 나신 거에요?"

"이거요, 한집사님이라는 분이 정교수님 방송하러 오실 때 전해 달라고 맡겨 놓으셨는데요, 지금 남편 목사님 미국에 계시잖아요. 그래서 정교수님 혼자서 셋팅을 못하실 것 같아 저희가 오는 길에 셋팅해 드리려고 좀 일찍 왔어요."

"아니, 누가요? 왜 컴퓨터를 맡겨 놓으셨을까요?"

이 말을 들은 팀장은 대답 대신 손에 든 쪽지를 보여 주었다.

한집사님이라는 분의 전화번호였다.

나는 그 한집사님 이라는 분께 전화를 했다.

"안녕하세요? 집사님, 오늘 방송사 직원분들이 저희집에 오셔서 컴퓨터를 셋팅해 주시겠다고 하는데요, 한집사님께서 이 컴퓨터를 저에게 전해달라고 맡기셨다면서요?"

한집사님은 담담하게 대답했다.

"사모님, 제가 〈하나님이 하셨어요!〉를 읽은 이후부터 줄곧 사모님과 사모님의 사역을 위해서 중보기도를 해왔거든요. 그런데 어느 날 하나님께서 정경주 사모님에게 컴퓨터를 선물하라고 하시기에 마침 남편 회사에서 이벤트가 끝나서 그동안 사용하던 컴퓨터중에서 제일 좋은 것으로 골라 사모님께 드리려고 했거든요. 그런데 어느 날 기도하는데 하나님께서 새 컴퓨터를 사주라고 하시더라구요. 그래서 원래 사모님께 드리려고 했던 컴퓨터는 제주도에 아는 분께 보내 드리고 그 길로 즉시 새 컴퓨터를 사놓았죠. 그런데 사모님하고 연락이 안되기에 할 수 없이 사모님 방송하러 오시면 전해달라고 맡긴 거에요."

그 집사님이 내가 병원에 입원해 있는 동안 전화를 하셔서 연락이 안됐을 거라는 생각을 하면서 나는 그 집사님께 여쭈어 보았다.

"아, 지난 일주일 동안 제가 병원에 입원해 있었는데 그때 전화를 하셨었나 보군요…. 죄송합니다. 그런데요, 하나님께서 하고 많은 선물 중에서 왜 하필 컴퓨터를 선물로 주라고 하셨을까요?"

"사모님, 저는 하나님께서 하라고 하셔서 순종한것 밖에 아무것도 모릅니다…."

한집사님의 말을 듣고 생각해 보니 마음에 떠오르는 것이 있었다. 그때 남편은 목회학 박사과정을 마무리하기 위해 미국에 있었다. 그리고 큰아들은 뉴욕의 병원에서 레지던트 하느라 아빠와 서로 멀리 떨어져 살고 있었고, 작은 아들은 덴버에서 신학 대학원에 다니고 있었다. 그리고 나는 한국에서 사역을 하면서 미국에 왔다갔다 하는 상황이었기 때문에 당분간 네 집 살림을 하느라고 컴퓨터가 내 차례까지 오지 않았다. 그래서 나는 〈하나님이 하셨어요!〉가 출판된 이후에 하나님께서 나의 삶에 행하신 아름답고 기이한 일들을 잊지 않기 위해서 손으로 공책에 기록해 놓았었다. 그렇게 기록된 공책이 열권이 되자 그동안 공책에 기록해 놓았던 원고를 컴퓨터에 저장해 놓으면 좋겠다는 생각이 들었다. 하나님께서 언제 책을 쓰라고 하실지 모르지만 그동안 공책에 기록해 놓은 원고를 컴퓨터에 저장해 놓으면 하나님께서 책을 쓰라고 하실 때 금방 순종할 수 있을 것이라고 생각했기 때문이다.

하지만 그때 나는 여러가지 힘든 일로 인해 하나님께 나아가 이렇게 부르짖고 있었다.

"하나님, 저요, 이대로 사역 다 포기하고 미국으로 돌아가서 꽃밭이나 가꾸면서 하나님만 바라보며 살고 싶어요…. 하지만 아직도 제가 한국에서 할 일이 있다면 저를 다시 일으켜 주시고 하나님의 말씀을 근거로 저에게 사명의 확신을 주세요."

그렇게 기도하던 나에게 하나님께서는 엘리야의 말씀을 주셨다.

엘리야는 기도로 비를 오게도 하고 멈추게도 하고, 죽은 과부의 아들을 살리는 경험을 통해서 살아계신 하나님의 역사를 생생하게 체험했다. 그런 엘리야도 한 여인 이세벨에게 쫓기어 동굴 속에 숨어서 "나의 생명을 취하소서!"라며 모든 것을 포기하고 싶을 때가 있었던 것이다. 엘리야 같은 믿음의 거장도 지치고 좌절할 때가 있었다는 사실이 내게 큰 위로가 되었다. 그리고 그런 엘리야를 나무라지 않으시고 오히려 물과 떡을 공급해 주시며 세미한 음성으로 말씀하셨던 그 하나님께서 지금 나에게도 컴퓨터를 공급해 주시면서 세미한 음성으로 말씀하고 계신다는 생각이 들었다. 하나님께서 공급해 주신 물과 떡을 먹고, 하나님의 세미한 음성을 들은 엘리야는 다시 힘을 얻어서 사십 주야를 걸어 하나님께서 그에게 맡기신 사명을 수행하지 않았던가! 그리고 그 광경을 지켜보던 그의 제자 엘리사도 크게 감동하여 "당신의 영감을 내게 갑절이나 더하소서!"라고 말하지 않았던가!

그렇다! 엘리야처럼 하나님의 능력과 역사를 체험한 믿음의 거장도 한 여인에게 쫓기어 죽기를 구했던 때가 있었는데 난들 왜 힘들고 지칠 때가 없겠는가?

괜찮다! 나의 이런 연약한 모습을 나무라지 않으시고 위로해 주기 원하시는 하나님께서 지금 나와 함께 계시며 내 모습 이대로 나를 사용하실 것이다. 위기 속에서 모든 것을 포기한 채 오직 하나님께 부르짖었을 때 하나님께서 엘리야에게 나타나셔서 세미한 음성으로 새로운 사명을 주신것 처럼 내게도 지금 하나님께서 엘리야의 스토리를 통해서 말씀하고 계시는 것이다. 그리고, 한집사님을 통해서 컴퓨터를 공급해 주시면서 새로운 사명을 안겨 주신 것이다!

지금 내가 힘들다고 여기서 포기하면, 내 주위에 나를 지켜보는 엘리사와 같은 믿음의 후배들과 나의 자녀들에게 나는 무엇을 남겨 줄 수 있을 것인가?

그런 생각이 들자 하나님께서 내게 맡기신 이 새로운 사명에 무조건 순종해야겠다고 마음먹게 되었다. 그래서 나는 그 자리에서 다시 일어섰다. 모든 의욕을 잃고 지쳐있던 마음을 추스리며 그동안 열권의 공책에 기록해 놓았던 원고들을 한집사님이 주신 컴퓨터에 하나 하나 입력하기 시작했다. 한 발자국도 더 나아갈 수 없을것 같았던 나에게 새로운 사명과 확신이 주어지니 알 수 없는 힘과 용기가 샘솟기 시작했다.

그날부터 나는 매일 공책에 기록된 원고들을 컴퓨터에 입력하고 편집하는 일에 전념했다. 그 일을 하면서 나는, 사람이 한없이 무력하게 느껴질 때에도 사명의 확신을 갖게되면 엄청난 에너지가 끊임없이 솟아난다는 것을 날마다 새롭게 실감했다.

책이 마무리 되어갈 무렵, 이 책을 어느 출판사에 원고를 드려야할지 하나님께서 인도해 주시길 기도했다. 인간적인 생각으로는 첫 번째 책을 출판한 나침반출판사에 드려야 마땅하겠지만, 인간적인 나의 생각이나 체면을 내려놓고 순수하게 하나님의 인도하심을 따르고 싶었다. 그래서 하나님께서 어리석은 나를 하나님의 방법으로 깨닫게 하시고 인도해 주시길 기도했다.

그러던 어느 날, 하나님께서 너무나도 선명하게 응답해 주셨다. 새벽녘 옅은 잠결에 꿈을 꾸었는데, 두란노서원 대표이신 하용조 목사님께서 말끔한 정장 차림으로 방문을 열고 들어 오셨다. 그리고 아무 말 없이 벽에 있는 커다란 게시판을 향해 뚜벅뚜벅 걸어 가시더니 내 책 원고를 게시판에 꽉 힘주어 붙이셨다. 꿈에서 깨어났지만 그 광경이 너무나도 선명했기에 나는 그 자리에서 엎드려 기도했다.

"아버지, 감사합니다. 주님의 인도하심만 기다리는 이 딸에게 확신 주시려고 이렇게 꿈으로 보여 주셨군요. 어찌할줄 몰라 애태우는 제가 가여우셔서 꿈속에서까지 응답해 주신 아버지의 사랑에 감사드립니다. 확신 주신대로 이번 책은 더 이상 아무 생각하지 않고 두란노 출판사에 드리겠습니다. 하나님의 영광을 위해 사용해 주세요…."

그리고 나서 나는 첫번째 책 〈하나님이 하셨어요!〉를 출판한 나침반출판사 김용호 대표님께 이 꿈과 나의 심정을 솔직하게 말씀드렸다. 항상 순수하고 마음이 따뜻한 김용호 대표님께서는 이렇게 말씀하셨다.

"네- 축하합니다. 마음 편히 두란노에서 하십시오. 주님께서 그렇게 꿈으로 보여주셨는데 제가 달리 드릴 말씀이 있겠어요…? 어디서하든 저는 주님만 영광 받으시면 됩니다. 하하."

참으로 너그럽고 편안한 대표님의 말씀을 들으니 나의 마음도 편안해 졌고 더욱 확신이 생겼다. 앞으로도 나는 인간적인 상식이나 체면, 혹은 나의 지식이나 경험을 따르는게 아니라 모든 일에 하나님을 인정하고 그분께 여쭈어 보기로 마음 먹었다. 그렇게 할 때 하나님께서 책임감을 느끼시며 나의 갈 길을 확실하고 성실하게 인도하실 것이다.

나는 순종이 최상의 축복임을 믿는다. 하나님께 순종할 때, 자신에게만이 아니라 주위의 많은 사람들에게도 축복의 열매를 나누게 되고, 하나님께 영광이 된다는 것을 경험해 왔기에 두려움을 물리치고 또다시 두번째 책 〈승리할 수 있어요!〉를 출판하게 되었다.

〈승리할 수 있어요!〉 책이 출간된 이후, 그 책이 출간된지 얼마 안되었기 때문에 다음 책을 출판한다는 생각은 하지 않았다. 하지만, 그 이후 순간 순간 하나님께서 나의 삶속에 행하시는 은혜를 잊지않기 위해 그 내용들을 계속 컴퓨터에 기록해 놓았었다.

그러던 중 금년 겨울에 아이들이 있는 미국에서 성탄절과 새해를 보내게 되었다. 한국에 있을때는 상담과 간증 찬양 집회등으로 바빠서 그동안 기록해 놓았던 원고를 정리할 수 없지만 미국에서는 시간적 여유가 있기 때문에, 원고를 읽어보며 정리하기 위해서 미국에 올때 가지고 왔다. 이 원고가 언제 완성되고 출판될지는 모르지만 하나님의 때에 하나님의 방법으로 인도하시리라 믿는 마음으로 계속해서 원고를 정리해 나갈 것이다.

지금 나는 미국 뉴욕의 북쪽 Water Town이라는 곳에 와있다.

이곳에 오기 위해 한국에서 12시간 동안 비행기를 타고 뉴욕에 내려서, 뉴욕 공항에서 다시 6시간을 기다렸다가 씨라큐스라는 공항까지 작은 비행기로 옮겨 탄후, 한시간 가량 이동해야 했다. 게다가 Water Town이라는 작은 마을까지 오려면 씨라큐스 공항에서 또

한시간 이상을 자동차로 이동해야 했다. 가족이 무엇인지…. 한국에서 이곳까지 오기에 얼마나 멀고 오랜 시간을 기다려야 했던가!

이곳에 도착한 이후 매일 밤 낮으로 눈이 온다.

그것도 눈이 오다 가다 내리는 것이 아니라 엄지 손가락만한 눈송이들이 하늘에서 끊임없이 펑펑 쏟아져 내린다. 시차 때문에 온밤을 깨어 있으며 창밖을 내다 보는데 눈은 멈추지 않고 끊임없이 내린다. 내 생애에 이렇게 많은 눈을 처음 보았다. 이곳은 날씨도 너무 추워서 모두들 꼭 필요한 일이 없으면 외출을 하지 않는다고 한다. 게다가 나는 시차 때문에 매일 새벽 두시경에 잠이 깨는데, 그러다 보니 모든 사람들이 잠든 시간에 혼자 조용히 기도하고 말씀 묵상을 한 이후, 긴긴 겨울밤을 새우며 원고를 정리하는 일이 나의 일상이 되었다. 원고 정리를 하기에 이보다 더 좋은 적시적기가 또 있으랴 생각하며 행복한 마음으로 매일 밤 그동안 써 놓았던 원고를 다시 읽어보며 정리한다.

이렇게 흰눈 내리는 겨울밤을 지새우며 조용히 원고 정리에 심취하다보면 어느새 몇 시간이 흐르고 새벽 동이 터온다. 사방이 온통 눈으로 하얗게 덮여있는 이 넓은 대지위에 새벽 동이 트면, 그 햇빛이 흰눈에 반사되어 얼마나 밝고 환하게 온누리를 비추는지…. 가끔 글쓰던 눈을 들어 멀리 동터오는 새벽 빛을 바라보며 주님의 높고 위대하심을 마음으로 찬양하곤 한다.

밤새 혼자서 원고정리를 하다가 아침이 되어 아이들이 일어나면 그 일을 접고, 아이들이 좋아하는 음식을 만들어서 함께 먹는다. 이곳은 오후 5시만 되어도 어두워 진다. 그러기에 우리는 저녁 식사를 5시경에 하고 난 후, 설거지까지 하고 나도 7시면 모든 일과가 끝이 난다. 그러면 우리 가족들은 테이블에 둘러앉아 테이블 게임을 시작한다. 나는 생전 해보지 못했던, 머리를 써야하는 복잡한 게임이라도 가족들과 머리를 맞대고 함께 하는 것 자체가 행복해서 어설픈 게임에 참여한다.

어제 저녁에도 7시에 저녁 식사를 마치고 온가족이 둘러 앉아 테이블 게임이 시작되었다. 게임을 하던 중, 나는 피곤한 눈을 쉬기 위해 잠시 눈을 감았다. 그런데 나도 모르는 사이에 그 자리에 앉은 채 잠이 들어 버린 것이다. 새벽 2시에 다시 잠이 깨었다. 눈을 떠보니 지난 밤에 게임을 하다가 멈춘 상태 그대로 우리 가족들의 카드들이 각자의 자리를 묵묵히 지키고 있었다. 비록 말 못하는 카드들이었지만 그렇게 옹기종기 모여있는 모습을 보니 꼭 우리 가족들을 보는 것 같아서 미소가 절로 나왔다. 게임을 하다가 그 자리에 앉은 채로 잠들어 버린 이 대책없는 엄마를 위해 남은 가족들의 배려로 게임을 중단하고 다음날을 위해 그대로 놓아둔 것이었다. 나는 '오늘은 제발 가족들을 남겨둔채 그렇게 빨리 잠들어 버리지 않았으면…' 바라는 마음으로 테이블위에서 주인의 손길을 기다리고 있는 카드들을 바라보았다.

어제밤에 일찍 잔 덕분에 새벽 두시에 깨어 맑은 정신으로 다시 원고 정리를 시작했다. 새해를 맞아 이처럼 보람된 일을 시작할 수 있음에 뿌듯한 행복을 느끼면서…. 또한 이렇게 조용하고 한가로운 시간이 내게 주어졌기에 원고 정리를 할 수 있게 되어 너무나도 감사하다.

"너희 안에서 행하시는 이는 하나님이시니 자기의 기쁘신 뜻을 위하여 너희로 소원을 두고 행하게 하시나니…"(빌립보서 2:13)

날 사랑하신다니…

대학 재학 중 우리 연세대 음대 학생들과 일본의 관세 대학교 학생들이 세종문화회관에서 협연을 한 적이 있었다. 일주일 동안 함께 지내며 리허설도 하고 총장 저택에서 열린 리셉션에도 참석했다.

고궁을 방문하면서 우리나라의 역사도 소개했고, 또 우리 나라의 문화를 소개하는 이벤트 등에 참석하면서 우리는 대한민국의 홍보 대사가 된 느낌으로 일본 학생들에게 대한민국에 대한 좋은 이미지를 심어주기 위해 최선을 다했다. 그때부터 나는 일본이라는 나라에 대해서 관심을 갖기 시작했다.

일본은 바로 우리 이웃에 있는 나라임에도 기독교인이 많지 않고 미신을 믿는 사람들이 많아서 나의 마음이 늘 안타까웠었다. 그런 마음으로 나중에 미국에서 살때도 우리 교회에서 가는 일본 단기 선교단과 함께 일본 선교를 가곤 했었다. 일본은 교회도 많지 않은데다 일본 교회의 성도들은 그 수가 매우 작았다. 바로 이웃 나라인 우리나라에는 영적인 잔치가 늘 풍성한데 비해서, 일본은 하나님의 사랑을 알지 못하는 사람들이 너무나도 많기 때문에 항상 마음에 부담을 갖고 있었다. 게다가 우리나라와 일본의 관계가 안좋아질 때 마다, 그럴수록 일본이 하나님의 품으로 돌아오길 바라는 마음이 더욱 절실했다. 그런 나의 심정을 아신 하나님께서 나에게 일본 선교의 문을 열어 주셨다.

몇 년 전부터 나는 주중에는 한국에서 상담을 하고 주말에는 일본에 가서 전도 집회를 하며 일본 선교를 계속해서 다니게 되었다. 그러는 동안 다른 사람들에게 말 못 할 어려움도 많았고, 이로 인해서 몸과 마음이 지쳐 있었다. 게다가 일본은 기본적인 경비가 어찌나 비싼지 내가 언제까지 이렇게 버틸 수 있을까 내심 염려도 되었다. 남편은 내가 일본 선교를 갈때마다 비행기표를 예약해 주면서 호텔 숙박비도 자기 신용카드를 사용하라고 했다. 그런 남편에게 미안해서 어느날 나는 남편에게 이렇게 말했다.

"미안해요, 당신 신용카드로 비행기표를 사서…."

그 말끝에 남편은 단순하게 대답했다.

"괜찮아. 사역인데…."

일본 교회들이 연약해서 일본선교의 경비를 충당하기 어렵겠다는 것을 깨달은 나는 어느날 하나님께 이런 고백을 했다.

"하나님, 제가 언제까지 이렇게 일본 선교를 다닐 수 있을지 모르겠어요. 비행기표, 숙소, 음식, 음향 장비, 일본내 교통편등, 지리도 잘 모르고 솔직히 제 힘으로 감당하기에 너무 힘듭니다. 앞으로도 계속해서 일본 선교를 다니기 원하시면 이런 기본적인 부분들이 준비될 수 있도록 하나님께서 예비해 주세요. 하나님께서 그리 아니하실지라도 제가 그동안 하나님께 받은 은혜에 감사하는 마음으로 순종 하겠습니다. 채워 주시지 않아도 하나님을 원망은 하지 않겠습니다…. 하지만 저 좀 덜 힘들게 해주세요.”

혼자서 이런 기도를 하고 다녔다.

그렇게 일본선교를 다니던 어느날 하나님께서 내게 이렇게 말씀해 주셨다.

“무조건 감사만 해라.”

솔직히 마음에 썩 내키지는 않았지만 감사하라고 하시니 감사할 조건들을 억지로 생각해 내어 기도하기 시작했다.

-미흡한 사람을 일본의 영혼들을 구원하는 도구로 써 주시니 감사합니다.

-남편이 돈 많이 든다고 불평하지 않고 ‘괜찮아, 사역인데’ 하며 제게 스트레스 안주게 하시고, 저의 사역을 적극적으로 지원하는 마음을 주셔서 감사합니다.

-주위에 동역자들을 보내주셔서 감사합니다

-제게 건강주셔서 맡기신 사역 감당케 하시니 감사합니다.

-하나님께 받은 은혜와 사랑을 말씀과 찬양으로 증거하는 기쁨과 보람 주시니 감사합니다.

처음엔 내키지 않았지만 생각해 보니 정말 감사할 항목들이 하나씩 늘어갔다. 그 이후 문득 문득 염려가 스치다가도, '참, 감사만 하라고 하셨지…' 하며 또 감사를 드렸다.

드디어 일년 동안 예정되었던 모든 일본 선교 일정을 하나님의 은혜안에서 무사히 마쳤다.

'내 집에서 마음놓고 먹고 편안히 누워 자며, 자유롭게 지낼 수 있다는 것이 이처럼 좋은것이구나.'

새삼 느끼면서 안도감을 누릴 수 있었다. 하지만 문득 문득 내년에 다시 일본 선교 사역을 시작할 것을 생각하면, 은근히 다시 가고 싶지 않다는 생각이 들기도 했다. 그동안 너무 힘들었나 보다…. 그래서 나 자신에게 다짐이라도 하듯이 이렇게 기도했다.

"하나님, 내년에 저의 일본 선교 다시 가고 안가는 것, 주님께서 인도해 주세요. 저는 솔직히 가고 싶지 않지만요, 어찌되었든 주님께서 인도하시는데로 순종만 하겠습니다. 그런데요, 아무래도 기본적인 필요는 주님께서 채워 주시면 고맙겠습니다. 경비도 주님께서 채워주시면 제가 더 힘이 나서 다니지 않겠어요?"

어린 아이가 아버지에게 조르듯 솔직한 심정으로 기도했다.

그러던 어느날, 여주의 어느 교회 목사님으로부터 전화가 왔다. 그 목사님은 북한 선교를 가슴에 품고 기도하며 하나님께서 문열어 주시면 북한에 가서 교회를 짓기 위해 건축 장비까지 준비해 놓고 기다리시는 목사님이셨다. 목사님은 내게 말씀하셨다.

"사모님이 저희 교회 간증 찬양집회 다녀가신 이후, 저희 어머님께서 사모님을 위해 매일 기도해 오셨는데요, 사모님 위해 기도를 할때마다 그렇게도 눈물이 나신다며, 선교 헌금을 조금 보내드렸습니다."

그 말씀을 듣고 생각해 보니 내가 일본선교 다니면서 힘들었던 때 그 어머님께서 나를 위해 눈물로 기도하셨던 것이었다. 나는 사실 목사님의 어머님을 뵌 적도 없고, 목사님의 어머님께서 날 위해 기도하고 계신다는 사실도 몰랐다. 더구나 목사님의 어머님께서는 내가 일본 선교를 다닌다는 것 조차 알지 못하셨을텐데 어떻게 선교 헌금 보내주실 생각을 하셨겠는가?

하지만 생각해 보니 목사님의 어머님께서 보내주신 선교헌금은 내년에도 포기하지 말고 일본 선교를 계속하라고 하나님께서 내게 확신 주시기 위해 보내주신 마중물과 같은 선물이었다. 헌금과 기도도 감사했지만 하나님께서 나의 사정을 이처럼 다 알고 계시고, 적시적기에 날 격려해 주심이 너무 기뻤다.

사실 지난번에도 일본 선교에 미처 예상치 못했던 경비가 필요했었다. 그러나 되어진 모든 상황들이 내가 한 것이 아니라 하나님께서 시작하신 일이니만큼 끝까지 책임지고 이루실줄 믿었기에 걱정하지 않고 사역을 진행했다. 초과되는 경비도 하나님께서 하나님의 방법으로 채워주실 줄 믿는 마음으로.

그때에도 하나님께서는 또 다시 나에게 하나님의 사랑을 확증시켜 주셨다.

어느날 갑자기 오래 전에 집회를 하러 갔던 부여의 한 작은 교회 목사님께서 전화를 하셨다. 내 기억속에 남겨진 그 교회는 논과 밭이 펼쳐진 들판 언덕위에 세워진 작은 교회였다. 캄캄한 밤에 언뜻 보았지만 마당에는 감나무가 심겨져 있었고, 교회 텃밭에는 배추가 심어졌던, 어릴 때 카드에서 본듯한 그림 같은 작은 교회로 기억된다. 그 교회 목사님께서 전화를 하신 것이다.

"사모님, 그동안 평안하셨어요? 전에 사모님께서 저희 교회 집회를 다녀간 이후, 어느 여자 집사님께서 사모님을 위해 계속 기도해 오셨대요. 사실 그 집사님은 우리 교회 집사님이 아닌데 사모님 집회때문에 오셨거든요…. 그런데 그 집사님께서 사모님께 작은 사랑의 선물을 드리고 싶다고 하셔서요. 생각해 보니 제게 사모님의 계좌번호가 있기에 그걸 그 집사님께 드렸어요. 그 집사님이 바빠서 직접 못하고 누구에게 입금을 부탁하셨다는데요, 한번 확인해 보시고 그 집사님께 전화 좀 해주세요."

하시면서 집사님의 전화번호를 주셨다.

그 말씀을 듣고 나는 즉시 하나님께 여쭈어 보았다.

'하나님, 저 그 집사님이 누구신지도 모르고 얼굴도 모르는데 왜 그 집사님이 제게 이런 선물을 주시나요? 제가 이 선물 받아도 되나요?'

바로 그때, 전에 내가 했던 기도가 떠올랐다.

'하나님 내년에 저 일본 사역 다시 가고 안가는 것, 주님께서 인도해 주세요. 저는 솔직히 가고 싶지 않지만요, 어찌되었든 주님께서 인도하시는대로 순종만 하겠습니다. 그런데요, 아무래도 기본적인 필요는 주님께서 채워 주시면 고맙겠습니다. 경비도 주님께서 채워 주시면 제가 더 힘이 나서 다니지 않겠어요?'

나는 하나님께서 내게 일본 선교를 계속하라고 지난번엔 여주 교회 목사님의 어머님을 통해서 확신 주시더니, 이번에는 또 부여에 사시는 집사님을 통해서 재확신 시켜주시는것이라고 생각하며 집사님께 전화를 드렸다.

"집사님, 목사님께서 입금 확인하고 전화드리라고 집사님 전화번호를 주셨어요. 어떻게 저에게 그처럼 귀한 선물을 주셨는지 너무나도 놀랍고 감사했어요…."

집사님께서는 내게 이렇게 응답하셨다.

"사모님이 집회 다녀가신 이후에 제가 사모님을 위해 계속 기도를 해 왔는데요, 어느날 하나님께서 제게 나타나셔서 말씀하셨어요. 하나님께서 정경주 사모님 아주 많이 사랑하시는 딸인데 절보고 사모님을 좀 도와줄 수 있겠느냐고 간곡히 부탁하시더라구요.

그래서 하나님을 뵌 기쁨과 순종하는 마음으로 그 헌금을 사모님께 보낸 거에요. 하나님께 감사하시면 돼요."

그 이야기를 들은 나는 주님께 이렇게 고백했다.

'아, 하나님! 그동안 일본선교 다니면서 힘들고 경비 걱정했던 것 다 기억하고 계셨군요…. 전 정말 작은 일에 순종했는데 하나님께서는 절 이렇게 많이 사랑하신다고 집사님을 통해서 제게 확신을 심어 주시는거군요.

하나님, 부족하고 허물많은 저를 이처럼 사랑해 주시니 너무나도 감사합니다. 앞으로 힘들어도 하나님의 사랑을 기억하면서 계속해

서 하나님 맡기신 사명에 충성하겠습니다. 감사합니다!'

　나의 작은 순종이, 이처럼 살아계신 하나님의 사랑과 능력을 경험하는 큰 축복이 될 줄 그때는 몰랐지만 이제 확실히 깨닫는다. 앞으로도 감사하는 마음으로 일본선교 뿐만 아니라 무슨 일이든, 하나님께 순종하리라 마음 먹으면서 나는 마음속에 이렇게 되새겼다.

　'정말 하나님께서 날 많이 사랑하시긴 하시나봐…. 그러니까 얼굴도 모르는 그 집사님께 나타나셔서 그렇게 말씀하셨겠지…. 근데 하나님께서 왜 나 같이 연약하고 부족한 사람을 그처럼 사랑하실까? 그 집사님이 괜히 없는 말을 지어서 내게 하진 않으셨을거 아냐? 정말 이게 바로 하나님의 은혜라는 거야. 받을 자격이 없는데도 주시는 사랑, 이게 바로 하나님의 은혜가 아니고 무엇이겠는가….'

　이렇게 마음 속에 되새기면서 나를 향하신 하나님의 사랑에 가슴 뿌듯한 나날을 보냈다.

　나중에 나는 부여 교회의 목사님을 통해서 그 집사님의 딸이 항공사 승무원을 꿈꾸며 서울에서 학원에 다니고 있다는 이야기를 들었다.

　나는 집사님께 전화해서 따님을 만나게 해달라고 했다. 일주일에 한번씩 그 딸을 만나서 예전에 대한항공 승무원 시절에 있었던 나의 경험을 나누면서 용기를 북돋우어 주고 멘토링을 해 주었다. 그렇게 해서라도 내가 할수 있는 일로 집사님께 대한 감사를 조금이라도 갚고 싶었다. 그 이후 그 딸과 지속적으로 만나면서 상담과 멘토링이 계속되었는데, 어느날 그 딸이 상담 중에 예수님을 영접하게 되었다.

"한 영혼이 천하보다 귀하다"고 말씀하신 하나님의 말씀에 순종했을 때 하나님께서는 이 모든 일에 필요한 것들을 완벽하게 책임져 주셨을 뿐 아니라, 그 외에 모든 일들을 참으로 아름답고 선하게 이루어 주셨다.

"오직 내가 이것으로 그들에게 명하여 이르기를 너희는 내 목소리를 들으라 그리하면 나는 너희 하나님이 되겠고 너희는 내 백성이 되리라 너희는 나의 명한 모든 길로 행하라 그리하면 복을 받으리라 "(예레미야 7:23)

벨벳 원피스

나는 일본선교 초기에 이런 생각을 했었다.

일본에서 한류 열풍을 일으키는 우리나라 연예인들이 자신을 아름답게 가꾸고, 일본어를 배우고, 그 밖에 많은 노력을 투자하는데, 나도 일본 땅에 하나님의 영광을 선포하기 위해 이 모든 면에 더욱 최선을 다하리라고.

그래서 나도 곧바로 일본어를 배우기 시작했고, 또 전에 미국에 살 때 일본선교를 가보니 일본의 작은 교회들은 음향 시설도 잘 안 되어 있었기 때문에 아무래도 비상시에는 기타 반주로라도 찬양을 하기 위해 기타 레슨도 받았다. 대학 시절에 배우긴 했지만 그동안 사용을 안했더니 손가락에 물집이 생기고 너무 아팠다. 하지만 일본 선교라는 목표가 정해지니 그런 불편함이 조금도 문제가 되지 않았다. 옷도 내가 가지고 있는 옷 중에서 가장 좋은 옷과 구두를 골라서 가방에 싸놓고 일본에서 있게될 전도 집회 날짜를 기다렸다.

그런데 막상 일본에 가보니 대중 교통을 이용해야 하는데, 도저히 정장에 구두를 신고 다닐 수가 없다는 것을 알게 되었다. 그래서 세 번째 전도 집회를 갔을때 나는 생각다 못해 공항에서 호텔까지, 그리고 지하철을 타고 교회에 갈때 까지는 편한 신발을 신고 다니다가, 예배시간 때 상의 쟈켓과 구두만 갈아신기로 마음 먹었다.

일본 지리도 잘 모르면서 여자가 혼자 대중교통을 타고 다니려니 무거운 가방을 들고 다니기가 힘들었기 때문이다. 하지만 막상 금요일 저녁 집회부터 입었던 옷을 계속 입고 다니다가 그 옷을 주일날 아침에 또 입으려 하니 옷이 너무 후줄근해 보였다. 아무래도 이 모습은 나의 최선이 아니라는 생각에 하나님께도 죄송하고 성도님들 보기에도 민망해서 여벌의 옷을 가지고 가지 않은 것을 후회했다.

하는 수 없이 호텔 앞에 있는 쇼핑센터를 잠시 둘러 보았다. 몇 곳을 둘러보니 가격도 비싼데다가 마음에 드는 옷도 없어서 할수 없이 그동안 입던 옷을 그냥 입기로 마음 먹었다. 그런 나의 마음이 별로 산뜻하진 않았다. 그런데 하나님께서 그런 나의 심정을 헤아리셨던지 기대치 않았던 깜짝 선물을 준비하셨다.

어느 여자분께서 옷을 한벌 선물하신 것이다.

"사실은요. 제가 입으려고 이 옷을 샀는데요, 참 예쁘고 맘에 들긴 하는데 아무래도 나이먹은 저에게는 어울리지 않는 것 같아요. 그래서 못입고 걸어둔 채 바라만 보고 있었거든요. 그런데 문득 사모님 생각이 나는거에요. 사모님이 이 옷을 입고 단 위에서 찬양하면 너무 잘 어울릴 것 같다구요…. 그래서 가져왔어요. 한번 입어보세요."

검정 벨벳 원피스인데, 목둘레에 반짝이는 작은 구슬과 진주알이 어울려 수놓아진, 매우 품위있고 아름다운 원피스이었다. 예배때 입으면 딱 어울릴 만한 옷이였다. 감사한 마음으로 그옷을 받아서 입어보니 다른 곳은 다 맞는데 길이가 약간 길었다.

화장품 백을 뒤져 보았더니 마침 검정색 실과 바늘이 눈에 띄었다. 얼마나 반가웠던지 그 자리에서 즉시 치마 길이를 줄였다. 전에 미국에서 살 때, 옷수선 해주는 곳도 별로 없는데다 인건비가 너무 비싸서 늘 집에서 옷을 수선해 입었던 경험을 되살렸다.

'그때 쌓아둔 실력이 오늘 일본땅에서 이렇게 쓰일 줄이야….'

혼잣말을 하면서 즉석에서 수선한 옷을 입어 보았다. 완전히 나를 위해 주문한 옷 처럼 내게 꼭 맞았다. 어디에 가서 찾아도 이렇게 품위있고 멋진 옷을 고를 수 없을 것 같았다.

'어머나 하나님, 제가 지난 3일동안 입던 옷을 주일 아침에 입으려니 옷이 후줄근해서 마음이 좀 찝찝했는데 이렇게 예쁜옷을 예비해 주셨군요…. 제가 오늘 이 옷 입고 교회에 가서 기쁨으로 하나님을 찬양하겠습니다. 감사합니다. 섬세하신 하나님….'

귀국 후 가방을 여는데 그옷이 다시 눈에 들어왔다. 나도 모르게 미소 지었다. 왜냐하면 이 벨벳 원피스는 나에게 하나님의 섬세하신 사랑의 손길을 느끼게 해준 의미있는 옷이었기에…. 나는 이 벨벳 원피스를 입고 찬양할 때 마다 하나님의 섬세하신 사랑의 손길을 늘 기억할 것이다.

"너희 하나님 여호와를 섬기라 그리하면 여화와가 너희의 양식과 물에 복을 내리고….".(출애굽기 23:25)

사랑하시는 하나님

누구 한 사람이라도 …

　　어느날 '정경주 미니스트리' 홈페이지 방명록에 숨가쁜 사연이 남겨져 있었다. 얼마나 견디기 힘들었으면 이처럼 누구든지 읽을수 있는 방명록에 자신의 마음을 여과없이 드러냈을까 생각하며 안타까운 마음으로 이 글을 읽기 시작했다.

　　사모님,,

　　저조차도 제가 컨트롤이 잘되지 않습니다. 거듭되는 실수와 좌절 말이 실수지, 거의 영적으로 죽음이라고 생각할 수밖에 없는 짓을 거듭

저질러서 정말 자살 일보 직전입니다. 정말 순간적으로 제손으로 제가 죽을거 같습니다.

매순간 기도하지만 매순간 또 넘어지는 나를 보면서 저조차가 너무 피곤하고 힘들어서 (믿음, 기도조차 저에게는 피곤함이 되더군요) 영혼의 평화를 누리고자 사모님의 찬양을 믿음으로 듣기도 많이 했습니다.

몸이 아플때도 새벽기도 가서 남몰래 울기도 많이 하고 삶의 균형을 잡고자 하루에 말씀을 열장씩 읽고 씩씩하게 살고자 많이 노력도 해보았습니다. 날이 갈수록 더 외롭고 더 실수가 많고 그 실수가 더 죄책감으로 숨이 막혀서 살수가 없구요...지금 마음이 이루 말할 수가 없습니다.

지금 글로써는 저를 힘들게 하는것을 다 말씀드릴수가 없어요.

사모님, 저도 제가 용서가 안되고 지금 계속 술을 마시고 또 깨면 맨정신으로 살수가 없고 마음이 너무 괴로와서 또 술술술을 마시면서 겨우 버티고있습니다.

사모님, 저도 제가 용서가 안되는데 만에 하나 저라는 인간이라도 잃어버린 한영혼이라면 사모님 자살 직전인데, 정말 그런데, 제가 죽는건 죽는거고 영혼이라도 평안을 얻고자, 사람 하나 불쌍히 여겨주신다는 마음으로 저좀 한번만 만나주세요. 그냥 너무 두렵고, 너무나 너무나 제 속의 말을 좀 하고 싶습니다. 가슴이 터질거 같아요.

그냥 제가 이러이러해서 너무 시험 들고 이러해서 죽는게 편히 쉴 거 같다라는…

제속의 말만 따뜻하게 들어주시고, 또 질책하실 말씀이라도 듣는다면 제 소원이 없을거같아요. 어떠한 기적도 바라지 않습니다. 너무나 간절하게 만나뵙고 상담을 요청하고 싶습니다. 한 영혼을 불쌍히 여기시는 긍휼로 많이많이 바쁘실줄 알지만 실례를 무릅쓰고 간절히 만나뵙고 상담요청드려요. ㅠㅠ

저는 지금 숨을쉴수가 없습니다. 이대로 어느 순간 죽음을 택할거 같습니다. 그냥 제 사연을 들어주시고 성경에 기록된것처럼, 기름이 없는자들이 기름을 가진분들에게 가서 그기름을 나도 좀 가지게 해달라는 간청을 한것처럼, 많이 소심한 제가 죽을때 죽더라도 많은 용기를 가지고 꼭 좀 만나뵙고 싶어요. 저는 지금 죽을거 같습니다. 눈물도 나오지 않고 정말 너무 힘들어요. 제 전화번호 남겨드릴께요. 꼭좀 만나주세요. 도와주세요.

이 글을 읽은 나의 마음에 자매님의 절박한 심정이 가슴 깊이 느껴졌다. 하지만 긴 답글을 쓰는 대신 우선 만나는 것이 급선무라 느껴져서 아래와 같은 간단한 답글을 남겼다.

자매님,

그동안 지방에 간증찬양 사역 다녀오느라고 이제야 글을 읽게 되어 정말 죄송합니다. 이제부터라도 저와 함께 자매님의 문제를 해결해 나갈 수 있는 길을 찾아 봅시다!

첫째, 삶이 아무리 힘들어도 자살은 절대로 답이 아닙니다.

혹 우울증이나 뇌세포 활성화의 충동으로 자살을 생각 할 수도 있습니다. 하지만, 우울증이나 절망감, 자살 충동은 얼마든지 치유와 도움을 받을수 있는 방법들이 있습니다. 자살과 연관된 연구 결과 보고를 보면 세로토닌과 관련된 연구들이 많은데 세로토닌 이상이 절망감과 자해 행동, 자살 충동등을 유발한다는 것을 뒷받침 하는 보고들이 계속됩니다. 그리고 이런 절망감이나 우울증, 자살 충동은 치료와 도움을 받아 치유될 수 있다는 것을 꼭 기억하시기 바랍니다.

둘째, 저와 약속해 주십시요. 저나 자매님의 힘으로 안되는 문제는 하나님의 도우심과 의학적인 도움, 전문 프로그램의 도움을 받아 해결 될 수 있음을 믿으시고 그 어떤 행동을 하기 전에 먼저 저와 만나주십시요. 제가 곧 전화로 연락 드리겠습니다.

주님의 역사를 기대하며, 정경주 드림

나는 자매님과 전화 통화를 한후, 그날의 다른 모든 약속들을 뒤로한 채 그 자매님을 만나기 위해 단숨에 달려갔다. 바람이 몹시 불고 쌀쌀한 날씨였지만 다급한 마음으로 어찌나 빨리 달려갔던지, 만나기로 한 장소에 도착했을때 이마에 땀방울이 송송 맺혀 있었다. 예정된 시간보다 훨씬 일찍 도착했기에 자매님을 기다리면서 그동안 배워왔던 자살의 이해와 예방등에 대해 다시 한번 차근차근 머리속에 되새기고 있었다. 내딴에는 자매님을 만나면 실수없이 최대한 효과적으로 접근하기 위한 마음의 준비를 하고 있었던 것이다.

마침내 가녀린 젊은 자매님이 도착했다. 바들바들 떨고 있는 한마리의 작은 새처럼 그 자매님은 떨고 있었고, 두려움 가득한 눈으로 말없이 나를 한참 바라보았다. 눈을 깜박이면 금방 눈물이 쏟아질 것 같은 슬픈 눈이었다. 아마 무슨말 부터 꺼내야 할지 말문을 열기조차 힘든 심정이었는가 보다. 아무말도 못한채 떨고만 있는 그녀가 두려움을 조금이라도 내려놓고 마음을 열기 바라는 심정으로 나는 이런 저런 이야기를 나누었다.

자매님은 아무 반응없이 숨도 안쉬는듯한 표정으로 듣고만 있었다. 그렇게 시간이 한참 흘렀다. 나는 이렇게 계속 앉아만 있을수 없다는 생각이 들어서 마음속에 준비했던 자살충동과 예방 등에 대해서 자매님에게 차근 차근 설명하기 시작했다. 그때 자매님은 말문을 열었다.

"저, 그런 것들 다 알고 있어요. 그런데 제게 도움이 안되었어요…."

자매님의 말을 듣고 나니 갑자기 말문이 막혀서 그 다음엔 무슨 말을 해야할지 마음이 답답해졌다. 그래서 난 구급차를 부르는 다급한 심정으로 도움을 청했다.

'하나님, 이 자매님이 이런거 다 알고 있대요. 그럼, 그 다음엔 어떻게 해야 하죠? 이제 무슨 말을 해야 하죠? 저를 좀 도와 주세요!'

이렇게 하나님께 SOS를 쳤다.

그런데 참으로 신기하게 바로 그때, 성령님께서 나의 마음속에 그 자매님을 안아주고 싶은 단순하고도 분명한 답을 주셨다. 그래서 나는 성령께서 시키시는대로 앉아있던 의자에서 일어나 테이블 건너편에 앉아있던 자매님에게 다가갔다. 그 자매님이 앉아있는 의자 뒤에 가서 자매님의 가녀린 두 어깨를 따뜻하게 감싸며 한동안을 말없이 꼬옥 안아주었다. 사실, 그런 나의 행동이 상담 이론과는 거리가 멀었지만 나는 성령님께서 감동 주시는데로 순순히 따랐다.

그런데 이게 왠일인가! 그녀에게 한마디 말도 하지 않고 그냥 안아주기만 했는데 내가 자리에 돌아와 앉자, 그 자매님은 눈물을 흘리며 이런 고백을 했다.

"사실 오늘 여기 오면서 마음속으로 이렇게 기도했어요. 누구 한 사람이라도… 이 세상에서 누구 한 사람만이라도 따뜻하게 내 손만 잡아 주어도 살 수 있을 것 같다구요. 그런데 사모님이 절 이렇게 꼭 안아주시니까 저도 모르게 몸과 마음이 녹는거 같으면서 이젠 살 수 있겠다는 생각이 들면서 숨을 쉴 수가 있게 되었어요…."

자매님은 흐르는 눈물을 닦으며 계속해서 말을 이어갔다.

"그런데요 사모님, 하나님이 왜 나의 기도를 안 들어 주시죠?"

자매님의 말을 듣고 잠시 생각한 후 나는 이렇게 되물었다.

"왜 하나님께서 자매님의 기도를 안 들어 주신다고 생각하세요? 혹시 하나님께서 자매님의 기도를 들으시고 저의 마음속에 자매님을 만나러 오고 싶은 마음을 주셨고, 또 저에게 자매님을 꼬옥 안아주고 싶은 마음도 주신 것이라고 생각지 않으세요? 저는요, 하나님께서 우리의 기도를 들으시고 하나님의 때에 하나님의 방법으로 하나님의 말씀이나 환경, 혹은 사람을 통해서 일하신다고 믿고 있거든요…."

이 말을 잠자코 듣고 있던 자매님이 다소곳이 고개를 끄덕였다.

그렇게 한참 동안 이야기를 나눈 후, 헤어지기 전에 자매님은 내게 한마디 한마디 힘주어 말했다. 마치 두시간이 넘도록 우리 사이에 오갔던 그 많은 대화를 스스로 마음속에 정리해서 담아가지고 가겠다는 듯한 표정이었다.

"사모님, 저요… 오늘 사모님과 약속한 거 꼭 기억하고 지키도록 할게요. 앞으로 절대로 자살 시도를 하지 않을 거 사모님과 약속하구요… 이제부터는 건강을 위해서 술 먹고 싶으면 그때마다 과일이나 밥을 먹을 거에요. 그리구요, 맨날 집에서만 있지 않고 밖에 나가서 산책도 하고 운동도 할거구요. 음… 그리구… 물론 기도두 계속하고 성경 말씀도 읽을 거에요… 오늘 시간 내주시고 절 만나주셔서 너무 너무 감사합니다. 나중에 꼭 사모님에게 좋은 보고를 할 수 있도록 약속하겠습니다."

그 말을 들은 나도 기쁜 마음으로 자매님에게 말했다.

"아휴 자매님, 처음에 만났을때는 말을 한마디도 안하시더니 어쩌면 이렇게 말씀도 잘하시고, 웃으니까 너무 예쁘세요. 좋-습니다!
그리구요, 이제부터 돈을 많이 받지 않더라도 자매님에게 성취감과
만족감을 줄 수 있는 일을 찾아보시면 좋겠는데 어떻게 생각하세
요?”

자매님은 내게 물었다.
“그런데 제가 그런 일을 할 수 있을까요?”
“기도하면서 하루 하루 자매님 앞에 놓여있는 환경에서 자매님의
최선만 다하시면 돼요. 그러다 넘어지면 또 다시 주님께 나아가 용
서와 도우심을 구하며 가는 거에요…. 저도 그렇게 살아간답니다.
그렇게 하루 하루 살다 보면 정말 자매님 말씀대로 나중에 저에게
좋은 보고를 할 날이 오지 않겠어요? 예수님께서도 ‘내일 일을 염려
하지 말아라. 한날 괴로움은 그날에 족하니라’고 말씀하셨잖아요.
자매님의 힘으로 안되는 건 그때 그때 예수님 발앞에 내려 놓으세
요. 어차피 내가 지고 간다 해도 해결할 수 없는거 뻔히 알면서 왜
무거운 짐을 지고 가며 자신을 힘들게 해요?”
이렇게 말하면서 나는 잡고 있던 자매님의 손을 더욱 힘주어 꼬
옥 잡아주었다.
“네, 사모님 제가 오늘 사모님과 한 약속 지킬게요. 이 약속 잘 지
킬수 있도록 저를 위해 기도해 주세요….”
그렇게 말한 자매님은 수줍은 미소를 지으며 내게 인사를 하고
돌아갔다.

이 세상에는 그 자매님처럼 의지할 곳 없이 외롭게 살아가는 사람이 너무나도 많다. 그래서 나는 그동안 웰다잉 교육과 상담 교육을 받으면서 시간적으로나 체력적으로 견디기 힘들 때도 있었지만, 그런 훈련과 교육들이 외로운 분들을 위해 쓰임 받는다면 충분한 보람과 가치가 있을 것이라고 생각했다. 그리고 나는 자매님과의 만남을 통해서 하나님께서 함께 하시면 모든 것이 합력하여 선을 이룰수 있다는 것을 다시금 확신하게 되었다. 또한 하나님께서 인간을 만드시고, 그 안에 영혼을 불어 넣어 주셨기에 하나님께서 우리의 영혼을 터치하시면 영혼의 치유가 가능하다는 것도 경험했다.

그 후 나는 그 자매님과 약속한대로 자매님 생각이 날때마다 그를 위해 간절한 마음으로 기도했고, 틈틈히 문자와 이메일, 전화로 자매님을 격려했다. 그렇게 자매님을 생각하며 기도하고 있던 어느 날 그녀에게서 전화가 왔다.

"사모님, 안녕하세요? 제가요, 남자친구가 생겼는데요. 그 남자친구한테 제 이야기를 했더니 자기 여자 친구를 살려주셔서 감사하다면서 사모님을 만나뵙고 싶대요. 그런데 사모님 바쁘셔서 시간이 되시겠어요?"

그 말을 듣는 순간 문득 그 남자친구가 크리스천인지 궁금해져서 나는 단도직입적으로 물었다.

"남자친구가 크리스천이신가요?"

"아니요, 그런데 저의 이야기를 듣고 자기도 교회에 나가고 싶다고는 해요. 그리고 사모님도 꼭 만나고 싶대요… 사실은요, 남자 친구가 홍삼 대리점을 하고 있는데 사모님께 선물로 홍삼을 갖다 드리라고 제게 맡겨 놓았거든요….”

그 말을 들은 나는 그녀에게 솔직하게 말했다.

“그러세요? 저도 자매님의 남자친구를 만나고 싶네요. 그런데요, 사실 저에게는 홍삼 백트럭보다도 그 남자친구의 한 영혼이 더 소중하거든요? 그 남자 친구와 만나서 제가 전도를 좀 할 수 있도록 시간을 잡아서 제게 알려주시겠어요?”

드디어 나는 그녀와 그녀의 남자친구를 만났다.

그녀의 남자친구는 참으로 선량하고 너그러운 마음을 가진 청년이었다. 처음 만났지만 하나도 어색하지 않게 그녀의 남자친구와 대화를 나누던 끝에 결국 그에게도 하나님의 사랑과 복음을 전할 수 있게 되었다.

그녀의 남자친구는 진심어린 마음으로 예수님을 영접했고, 우리는 그의 영적인 생일 축하 파티를 하기 위해 근처 식당에 가서 늦은 저녁식사를 함께 했다. 식사를 하는 중에 그녀의 남자친구는 내게 이렇게 말했다.

“이번 주일부터 여자친구와 함께 손잡고 교회에도 나갈 거에요. 여자친구를 도와주셔서 감사합니다….”

저녁식사 후 웃으면서 나란히 손잡고 가는 그들의 뒷모습을 바라보며 나의 마음은 말할 수 없이 뿌듯하고 행복했다. 그들의 행복한 뒷모습을 바라보는 나의 마음속에 언젠가 영화속에서 들은 노래 가사가 떠올랐다.

"내가 어렸을 때 뭔가 착한 일을 했나봐요. 그래서 하나님은 내게 이런 좋은 남자를 만날수 있도록 축복하신 거에요…."

아마 이 자매님이 어렸을 때부터 너무 외롭고 힘든 삶을 살아왔기에 하나님께서 이렇게 좋은 남자를 만나는 축복으로 그 아픔을 위로해 주시는게 아닐까 생각케 하는 아름다운 밤이었다.

그 이후, 그들은 결혼을 해서 단란한 가정을 이루고 서로 아껴주며 살고있다. 그리고 그 자매님은 헤어져 살던 아버지를 찾아 아버지와 화해했다. 그리고 병원에 입원해 계시는 아버지를 지극정성으로 돌보며 아버지를 주님께 인도했다. 자매님 한 사람으로 인해 남자 친구와 그녀의 아버지까지 예수님을 영접하고 구원에 이르게 된 것이다.

한 사람의 구원과 축복이 여러 사람들의 삶에 끼치는 영향력을 보면서 나는 〈잠수종과 나비〉라는 영화를 생각했다.

전신 마비에다 말 한마디 못하고 한쪽 눈만 깜박일 수 있는 남자가 각고의 노력 끝에 책을 출판했다는 기사가 있었는데 그 남자의 실화가 영화로 상영된 것이었다. 주인공은 온몸이 마비되어 타인이 목욕을 시켜주고 기저귀를 갈아주어야 하며 병원 벽에 비추인 자신의 모습을 바라보며 괴물이라고 생각했다. 모든 것이 다 끝났다고 생각하며 간신히 생명을 연명하고 있었던 것이다. 절망감에 사로잡혀 늘 마음속에 죽음을 생각하고 있던 그에게 어느날 언어 치료사가 들어와 그의 손을 잡으며 말했다.

"당신의 치료는 내가 맡은 치료중에 가장 중요해요. 당신을 돌보는게 영광이에요. 저는 당신 잡지의 Fan 이거든요."

삶을 포기하고 절망 속에 빠져있던 주인공은 한 사람의 관심과 사랑에 힘을 얻어 책을 쓸 용기와 희망을 발견하게 되었다. 그 주인공의 이름은 장 도미니크 보비이였고 프랑스 유명 여성 패션 잡지 엘르의 편집장을 지내다가 갑자기 뇌졸증으로 쓰러져 한 쪽 눈 밖에 깜빡일수 없게 된 장본인이었다. 하지만 열악한 상황에서도 다른 사람들의 격려에 힘입어 책을 쓸 꿈을 품게 되었고, 그 꿈은 결국 이루어 졌다. 그의 책과 영화는 세계적으로 수많은 사람들에게 도전과 감동을 주며 선한 영향력을 끼치는 축복의 도구로 쓰임 받게 된 것이다.

그 영화의 내용과 함께 맞물려 언젠가 읽었던 책의 내용이 영상처럼 내 머릿속에 스쳐갔다.

어느 난폭한 선장이 있었는데 그 선장은 폭언과 함께 많은 사람들에게 상처를 주는 사람이었기에 사람들은 그를 피했다.

그런데 어느날 그 선장의 표정과 언행이 달라졌다.

사람들은 그 이유가 무엇인지 궁금했지만 감히 묻는 사람이 없었다. 이를 눈치챈 선장은 많은 사람들 앞에서 이런 고백을 했다고 한다.

"얼마 전에 내가 폭풍우 속에서 한 가족을 구조했는데 그 가족 중에 어린 딸이 있었습니다. 구조를 받은 후에 어린 딸이 아빠에게 물었죠.

'아빠, 저 사람이 천사야?'

아빠는 대답했습니다.

'천사는 아닌데, 하나님이 보내 주신 사람이란다' 라고….

그 말을 들은 나는 정말 그들의 말대로 하나님이 보내주신 사람으로 살아가고 싶었고, 그런 심정이 나의 언행을 이처럼 변화시킨 것입니다."

나는 그 선장의 마음을 이해할 수 있다. 왜냐하면 나도 예수님을 나의 구주로 영접한 이후, 삶의 현장속에서 "하나님이 보내주신 사람"으로 살아가기를 감히 꿈꾸게 되었기에….

"주는 나의 하나님이시니 나를 가르쳐 주의 뜻을 행하게 하소서"(시편 143:10)

낙심하지 말지니…

지금 우리가 살고 있는 이 아파트는 하나님께서 우리에게 선물로 주신 집이다. 처음에 이 집을 보았을때 실지로 나는 5%의 계약금도 모자라서 이 집이 우리 집이 아니라고 생각했지만 3년후에 하나님께서는 기적적으로 이 집을 우리에게 안겨주셨다.

지난번에 출간된 〈승리할수 있어요!〉 책에 이미 자세하게 그 내용을 기록했기 때문에 같은 내용을 다시 반복하지 않기 위해서 구체적인 내용은 생략하지만, 이 모든 내용을 너무나도 잘 알고 있는 언니가 어느날 내게 이렇게 말했다.

"야! 이 집은 정말 하나님께서 네 무릎위에 고스란히 선물로 안겨주신 집이구나! 정말 기적 덩어리다, 기적 덩어리야! 그동안 하나님 섬기느라 수고 많았다고 하나님께서 너희에게 선물로 주신게 분명하다! 너무 너무 감사해서 이 집만 생각하면 길을 가다가도 감사 기도를 드리곤 한단다…."

이 집을 분양 받았을때 하자보수를 하러온 아저씨가 집안에 들어서며 내게 물었다.

"아주머니가 이집 주인이세요?"

그 말을 들은 나는 너무 감격해서 대답을 하지 못한채 안방에 뛰어들어가 눈물을 흘리며 하나님께 감사 기도를 드렸다. 기도를 마친 후 아저씨에게 가서 나는 이렇게 말했다.

"아저씨, 여기 사는 전 입주민 중에서 아마 제가 가장 감사할 거에요. 왜냐하면요, 다른 분들은 자신들이 모아놓은 돈으로 이 집을 분양 받았겠지만 저는 솔직히 이 집 계약금 5%도 모자랐거든요. 그런데 하나님께서 기적적으로 이 집을 우리에게 선물로 주신 거에요. 그래서 저는 아침마다 눈뜨면 이 집을 주셔서 감사하다고 하나님께 감사 인사를 드린답니다"

그렇게 이 집을 분양받고 이사들어온지 5년이 되었다. 그런데 아이러니컬하게도 나는 이 집에 이사한지 2년쯤 된 어느날 남편에게 물었다.

"우리 이 집 팔아서 땅값이 아주 싼 곳에 가서 아담한 교회를 하나 지을까? 그래서 주일에는 그 교회에서 예배 드리고 주중에는 교회를 오픈해서 지역사회 주민들을 섬기는 장소로 사용하고… 교회 마당에다 예쁜 카페를 만들어 그곳에서 주민들을 위해 커피도 서브하고, 외롭고 힘든 사람들 위해 상담도 하고 좋은 찬양도 늘 들려주고…. 그렇게 동네 사람들이 어려움 있을때 달려올수 있는 안식처로 사용하면 얼마나 좋을까? 마당에는 꽃과 나무들을 심고…. 당신과 나는 머리 둘 곳만 있으면 되잖아. 교회 뒤에 방 하나 만들어서 우리는 그곳에서 자고, 당신 사무실은 교회 사무실을 쓰면 될 것이고. 응? 좋은 생각이지? 당신은 어떻게 생각해요?"

남편은 고맙게도 이렇게 반응했다.

"당신 마음속에 그런 소원과 확신이 있으면 당신 마음대로 해. 근데… 아무래도 이 집을 판 돈으로 교회를 지으려면 사람들이 살지 않는 외딴곳에 지어야 할텐데 그런 곳에 교회를 지으면 사람들이 거기까지 올까? 요즘은 교통이 불편하면 사람들이 찾아오지 않으려 할걸…."

"난 솔직히 자세한 건 모르겠지만, 하나님의 뜻이면 집이 팔릴 것이고 또 교회를 지을 땅도 예비해 주시겠지 뭐… 우리 기도해 봅시다."

그 길로 곧장 나는 집 근처에 있는 부동산 세 군데에 이 집을 팔아 달라고 내놓았다. 그런데 3년이 되어도 집을 보러 오는 사람이 한 사람도 없고, 다만 전세를 놓겠느냐는 전화만 걸려왔다. 그래서 어느날 나는 부동산 사무실에 찾아가서 물어 보았다.

"집을 팔겠다고 내놓은지 3년이 되었는데 어떻게 한 사람도 집을 보러 오는 사람이 없어요? 왜 그렇죠?"

부동산 직원이 말했다.

"요즘 부동산 시장이 얼어붙어서 매매는 전혀 없습니다. 전세라면 금방 나갈거에요. 솔직히 우리도 죽을 지경이랍니다. 사무실 임대료 내기도 힘들어요…."

그런 말을 듣고 집으로 돌아오는 길에 나는 마음 속으로 생각했다.

'지금은 개척교회 하는 것이 하나님의 뜻이 아닌가?' 하고.

그때 문득 우리가 이 집에 이사오기 전에 했던 나의 기도가 생각났다.

'하나님, 저희 이렇게 월세집에 살려니 한달이 어찌나 빨리 돌아오는지, 삶의 위협을 느낍니다. 그리고 이 월세집마저 계약 기간이 끝나서 이사를 나가야 하는데 어디로 갈지 모르겠어요. 한국에 집값이 너무 비싸서 저희 힘으론 살기 어렵겠어요.

저희가 계속해서 한국 땅에서 하나님의 일을 하기 원하신다면 저희에게 살 집을 하나 주세요. 서울 시내에 이렇게 많은 집들이 있는데 왜 저희가 들어가 살 집이 없는지 이상해요. 남편과 제가 그동안 공부한 것만 가지고도 만약 저희가 돈벌려고 했다면 저런 집 한채 못 샀겠어요?

그런데 하나님 섬기느라고 사역만 하면서 여기까지 왔잖아요. 이제 하나님께서 책임지시고 저희에게 살 집을 하나 주세요. 그러면 감사한 마음으로 그 집에 살면서 하나님 맡기신 사명에 충성하겠습니다. 그동안 수고했다고 아버지께서 저희에게 집 하나 선물로 주시면 안되나요?' 라고 어린아이처럼 졸랐다.

그때의 기도를 생각하니 하나님께서 정말 우리에게 집 걱정 하지 말고 하나님 맡기신 사명에 충성하라고 이 집을 선물로 주셨는데 내가 그 기도를 잊어버리고 집을 팔겠다고 내놓은 것에 대해 죄송한 마음이 들었다.

그래서 나는 마음에 느끼는데로 다시 기도했다.

"아버지의 그런 마음을 헤아리지 못해 죄송합니다…. 그런데요. 정말 이 좋은 집을 아버지께서 저희에게 선물로 주셨기 때문에 감사한 마음으로 주님 일에 내놓고 싶은 저의 중심은 이해하시죠? 아버지께서는 모든 것을 아시오매 저의 이런 마음을 이해해 주실줄 믿습니다…."

주님께서 또 나에게 말씀해 주셨다.

"너의 중심을 알았으니 이제부터 너는 마음 편히 먹고 내가 인도하는데로 순종만 하면 된다. 조용히 기도하면서 때를 기다려라. 나는 네가 생각하고 기대하는것 보다 훨씬 더 크고 놀라운 일을 할 수 있다."

아버지께서 내게 그렇게 말씀해 주신 이후로 정말 나의 마음이 편안해 졌다. 전에는 왠지 내가 이 집에 사는게 늘 죄송스러운 마음이 있었는데 이제는 그런 마음이 아니라 더욱 겸허하고 감사한 마음으로 매일 아침 이 집을 주신 하나님께 감사하게 되었다.

세상을 이기는 힘

나는 요즘 하나님의 선하심과 인자하심을 너무나도 생생하게 경험하면서, 반은 울며 반은 찬양하며 '나의 힘이 되신 여호와여'의 가사를 마음속에 되새기면서 다녔다. 더욱 감사한것은, 주위에 하나님을 모르는 사람들까지 '정말 하나님이 하신 거네요!' 라고 그들의 입으로 고백하는 모습을 보는 것이었다.

지금 우리가 사는 아파트에 계약을 할때, 분양 직원이 분명히 내게 말하기를 '중도금 무이자'라고 했었다. 그런데 나중에 알고보니 중도금 무이자가 아니라 '이자 후불제' 였다. 그래서 나는 기도 끝에 이 아파트 분양 사무실에 전화를 하기로 했다. 전화를 받은 직원에게 상황을 설명했지만 대화가 잘 안 통했다. 그래서 나는 그 직원에게 분양 책임자가 계신지 물었다. 그때 분양 소장님이 전화를 바꿨다.

"네. 000 분양 소장인데요, 무슨 일로 전화하셨습니까?"

나는 자세하게 상황을 설명했다.

"아, 그런 일이 있었군요. 그 분양직원은 이 아파트 분양 마치고 벌써 다른 곳으로 떠났지만 제가 그 직원과 연락이 되면 이야기 해

보고 난 후 전화를 드리겠습니다. 그런데요, 혹시 정경주 교수님 아
니세요?"

이런 좋지않은 일로 인해 대화를 나누게 된 분양소장님에게 내가
누구라는 사실을 밝히는것이 내심 꺼려졌지만 거짓말을 할 수 없어
서 할수 없이 그렇다고 시인할 수밖에 없었다.
"그런데요… 어떻게 아셨나요?..."
"아, 제가 교수님의 방송을 늘 들어 왔거든요. 그런데 말씀하시는
중에 어쩐지 목소리가 꼭 정경주 교수님인 것 같아서 혹시나 하고
여쭈어 보았는데 제 추측이 맞았군요. 제가 상황을 알아보고 난 후
에 교수님께 전화를 드리겠습니다."

얼마후, 그 분양 소장님과 우리 아파트 일층에서 부동산을 하시는
분이 방송사로 날 찾아왔다. 분양 소장님은 이렇게 만나게 되어 반
갑다는 인사를 나눈후, 자리에 앉아 차분히 상황을 설명하였다.
"교수님, 먼저 그 분양 직원이 잘못 말씀드린 것에 대해 진심으로
사과드립니다. 원래 '중도금 무이자'가 아니라 '이자 후불제' 인데
그 분양 직원이 교수님께 잘못 말씀 드린 것입니다. 그 직원은 우리
회사 직원이 아니라 임시로 분양 때만 와서 알바를 하고 분양이 끝
난 후에 다른 곳으로 떠났습니다. 그리고 솔직히 그 분양직원이 구
두로 그렇게 말씀드린 것에 대해 우리 회사가 교수님께 배상을 해
드릴순 없는 상황입니다. 하지만 제가 분양소장으로서 책임감을 느
끼며 생각끝에 이렇게 찾아뵙기로 했습니다…."

나는 선량하게 생긴 이 분양 소장님의 말씀을 잠자코 듣고만 있었다.

분양소장님은 침을 한번 삼킨후 계속해서 말을 이어갔다.

"솔직히 말씀드리자면 계약서에는 그런 사항이 기록되어 있지 않기 때문에 회사 차원에서 배상을 해드릴순 없구요. 그대신 제가 이 문제에 책임을 지고 이자 이천만원을 개인적으로 보상해 드리겠습니다."

나는 마음씨 좋은 이 분양소장님께 개인적으로 그런 짐을 지워줄 수 없다는 생각이 들어서 이렇게 대답했다.

"네, 이 상황을 알아봐 주시고 책임감 있는 답변을 해주셔서 정말 감사합니다. 그런데 저도 분양 소장님께 개인적으로 이 일에 대한 책임을 지워드리고 싶지 않습니다."

그 말을 들은 분양 소장님은 잠시 생각한 후에 말을 이었다.

"그럼요, 교수님 이렇게 하지요. 제가 이자의 절반을 낼 테니까 교수님께서 절반을 내시면 어떨까요?"

그 큰 액수의 이자를 절반 내시겠다는 말씀에 놀라며 나는 이렇게 대답했다.

"아닙니다. 소장님의 마음만 제가 받겠습니다. 제가 집값을 더 주고 샀다고 생각하면 되지요. 어차피 이 집 하나님께서 우리에게 선물로 주신 집인데요. 이제 이 문제로 더 이상 걱정하지 마세요. 오늘 이렇게 찾아와 주신 것만도 전 정말 감사합니다. 요즘 세상에 쉽게 있을 수 없는 일인 걸요. 덕분에 제 마음이 상쾌해졌어요…."

정말 하나님께서 이렇게 좋은 곳에, 이렇게 아름다운 집을 선물로 주신것도 감사한데 나는 이 선량한 분양소장님께 손해를 끼치거나 야박하게 대하고 싶지 않았다. 그러기에 중도금 이자는 전액 내가 지불하는것으로 일단락 짓고 분양 소장님과 부동산 하시는 분은 인사를 하고 일어났다.

나는 그날 부동산 하시는 분이 왜 분양 소장님과 함께 날 찾아오셨는지 좀 궁금하긴 했지만 그 이유를 묻지 않았다. 하지만 두 분께 나의 찬양 음반과 〈하나님이 하셨어요!〉 책을 선물로 드렸다. 부동산 하시는 분은 책과 CD를 손에 들고 내게 말했다.

"분양 소장님은 교회를 다니시는데 저는 교회에 안다녀요. 하지만 우리집 사람이 책을 좋아하니까 집사람에게 이 책을 갖다 주지요."

그런데 한 달쯤 지난 후에 우연찮게 그 부동산 하시는 분을 다시 만나게 되었다. 그분은 내게 반가운 표정으로 말씀하셨다.

"우리 집사람과 아이들이 지난번에 주신 그 찬양 CD를 밤마다 들으면서 잠이 든답니다. 우리 집 사람이 그 책도 읽었는데요. 언제 한번 방송국으로 그 책을 쓴 저자를 만나러 가겠다고 벼르고 있더라구요. 우리집 사람이 그런데 찾아다니고 하는 사람이 아닌데 이상하게 그러네요…."

나는 그 분의 말을 들으며 이 가정이 예수님을 믿었으면 좋겠다는 마음이 간절해졌다. 그 부동산 사무실에는 남편과 아내가 함께 일하는 곳이라서 부인이 출근하는 시간에 부동산 사무실에 떡을 들고 찾아갔다. 우리는 함께 떡을 나누면서 자연스럽게 하나님 이야기를 하게 되었다. 이야기를 마치고 일어서려는데 부인이 내 손을 잡으며 이런 부탁을 했다.

"요즘 경제적으로 너무 어려워서 손님이 한 사람도 안와요. 차라리 캐나다에서 살때는 새벽에 일찍 일어나서 일하러 가고, 먼 길 운전하며 다니기 힘들었지만 그래도 일 하는만큼 매달 고정적인 수입이 있어서 마음은 편했어요. 그런데 여기와서 너무 힘드니까 요즘은 날 이곳으로 오게한 남편이 원망스러워요. 부동산 그만두고 다시 캐나다로 돌아가고 싶은 마음 간절한데 그럴 형편도 못되고… 정말 어떻게 해야 할지 모르겠어요. 제발 기도좀 해주세요."

젊은 부인은 눈물을 글썽이며 내게 하소연 했다.

남편이 바로 옆에서 듣고 있는데 오죽 힘들면 나에게까지 이런 하소연을 할까 생각하니 참으로 안쓰러운 생각이 들어서 나는 그녀의 손을 잡고 간단하게 기도 했다.

"하나님, 이 두 분에게 좋은 고객들 많이 보내 주시고 축복해 주셔서 이참에 하나님 살아계신다는 것을 깨닫게 해 주시고 하나님을 잘 믿게 해 주세요."

그렇게 기도한 후 얼마 안되어서 평소에 알고 지내는 집사님과 그 어머니께서 우리 집에 찾아 오셨다. 그 모녀는 내가 이사를 했다고 꽃을 들고 방문하셨는데 예배를 마친후 집을 둘러보시더니 예상치 않던 말을 꺼내셨다.

"사실 저희가 살고 있는 집이 너무 오래돼서 이사하려고 집 구하며 기도하고 있었는데요, 저희도 여기서 살고 싶어요…."

그 말을 듣는 내 머리속에 갑자기 그 부동산이 스쳐갔다. 그래서 나는 모녀를 그 부동산에 소개해 드렸다.

그런지 며칠 후에 방송사 음향담당 직원이 나와 함께 간증 찬양 집회를 가기위해 우리 집에 왔는데 이번에는 이 젊은 직원이 이런 말을 했다.

"교수님, 제 아내가 바로 길 건너편에서 근무하는데요, 여기서 살면 참 좋을 것 같아요. 점심 시간에도 집에 들렀다 가고, 출퇴근 할 때도 걸어다닐 수도 있고… 저 공원에서 산책하면서 운동도 하고 정말 좋겠네요. 이 집에 대해서 자세히 알아보고 싶은데 혹시 근처에 아는 부동산 있으세요?"

나는 '잘됐다' 생각하며 방송사 직원도 그 부동산에 소개했다.

그런데 어제 저녁에도 또 다른 집사님이 이사 선물로 예쁜 란을 들고 오셨다. 공원을 내려다 보시던 그 집사님이 내게 말했다.

"교수님, 이 집 환경이 참 좋네요. 바로 앞에 공원도 있고, 저 앞에 지하철도 있고, 여기 교통도 편리하잖아요."

그렇게 말씀하시는 집사님께 나는 신이나서 이야기 했다.

"정말 그렇죠? 집사님 전에 〈승리할수 있어요!〉 책 읽으셨잖아요. 그 책에서 간증했듯이 이 집, 정말 하나님께서 저희에게 선물로 주신 집이잖아요. 집을 주신것도 감사한데 주위 환경까지 이렇게 쾌적한 곳에서 살도록 최고의 선물을 주셨어요. 그래서 이 집을 주신 하나님께 매일 매일 감사하면서 이 집을 축복의 도구로 써 주시라고 아침마다 기도한답니다.”

“정말 그러네요. 혹시 지금 시간 있으세요? 이 근처에 있는 부동산에 가서 집 나온거 있는지 알아보고 싶은데 같이 가주시겠어요?”

그때 마침 시간이 있어서 나는 집사님을 모시고 그 부동산에 갔다. 그런데 이게 왠일인가? 며칠 전에 다녀갔던 그 방송국 직원 내외가 나란히 앉아서 계약서에 서명을 하고 있었다. 그리고 내가 그날 저녁 모시고 간 집사님도 맨 위층에 큰 평수를 계약했다.

나는 그날 저녁 다시금 깨달았다. 정말 이 집은 축복의 도구임에 틀림없다고. 사실 나는 이 집에 이사 들어오기 전부터 그렇게 느꼈었다. 처음에 이 집을 분양 받았을 때, 잘 아는 권사님에게 하나님께서 어떻게 이 집을 우리에게 기적적으로 안겨주셨는지에 대해 간증했다. 권사님은 내 이야기가 끝나기 무섭게 이 집에 와보고 싶다고 했다. 모델 하우스를 둘러보고 난 권사님은 이렇게 말했다.

“어머 집이 너무 맘에 들어요. 공원이 바로 집 앞마당이네요. 게다가 저렇게 크고 멋진 나무들을 심지도 않고 가꾸지 않아도 서울시에서 공짜로 다 가꿔주잖아요. 지하철도 바로 앞에 짓고 있고… 이 아파트 완공될 때 쯤이면 지하철 공사도 완공이 되겠죠? 서울 시내 어디 가서 이런 집을 구할수 있겠어요? 나도 지금 당장 우리 장로님께 얘기해서 우리도 이곳으로 이사 오자고 조를 거에요.”

권사님은 그날 오후 장로님을 모시고 와서 아파트 두개를 샀다. 한 개는 권사님 내외, 한 개는 큰 아들을 주시겠다며. 계약을 마치고 난 권사님은 하나님께 너무 감사하다면서 눈시울을 적시며 말했다.

"세상에, 하나님께서 그 조그만 월세 집에 살고 있던 정경주 사모님에게 이런 좋은 집을 주시고, 그 덕분에 우리에게까지 이 좋은 집을 주셨으니, 우리도 하나님께 감사하며 이 축복에 동참하고 싶어요…."

그런 말씀을 하고 가신 권사님은 내가 이사올 집에다 냉장고를 선물로 사보내셨다. 그때 우리집 가구는 다 미국에 가족들이 있는 곳에 있었고, 나는 한국에서 가구가 딸린 작은 월세방에 살고 있었기 때문에, 살고 있는 집에서 이사를 나오면 당장 새로 이사할 집에는 아무것도 없었다. 그래서 나는 하나님께 기도 하고 있던 중이었다.

"하나님, 이 집을 주셔서 정말 감사합니다. 이 감사한 마음을 어떻게 말로 표현할수 있겠어요. 그런데요, 새 집에 들어가면 당장 필요한 가구가 하나도 없어서 어떡하죠?"

하나님께서 내 마음속에 말씀해 주셨다.

"내가 집도 선물로 주었는데 그 안에 채울 작은 것들을 주지 않겠느냐?"

그 이후 하나님께서는 약속하신데로 권사님을 통해서 냉장고를 제일 먼저 주시더니, 그 다음엔 친구들이 돈을 합해서 입주 선물이라며 침대를 사주었다.

어떤 집사님은 TV를 사주시고, 또 다른 친구는 책상과 의자를 사주고… 어떤 친구는 유리 탁자를 사주었다. 나는 마루 코팅 할 생각도 안했는데 부동산에서 고맙다고 마루 코팅할 분까지 보내주었고… 이 모든 것들이 다 준비되었는데 아직 창문에 커튼이 없었다.

그런데 어느날 일산에 있는 교회에 집회를 하러 가는데 마침 우리집 앞으로 지나가시는 그 교회 여자 집사님께서 날 픽업하러 오셨다.

약속한 시간보다 일찍 도착하셔서 거실에서 잠시 기다리시는 동안 나는 방에서 옷을 갈아 입고 있었다. 옷을 다 입고 나왔는데 거실에 앉아서 기다리고 계실 줄 알았던 그 여자 집사님이 뜻밖에 창문을 재고 계셨다. 알고 보니 그 집사님은 커튼샵을 하시는 분이었다. 마침 그날 어느 집에서 주문을 받고 줄자와 원단 샘플등을 가지고 나왔다가 그 집을 다 재고 난 후에 나를 픽업하러 오셨다고 한다. 그래서 가지고 온 줄자로 우리집 창문을 재고 계셨던 것이다.

그 집사님이 어떻게 우리 집에 커튼이 없는걸 알고 줄자를 가지고 오셨겠는가?

그리고 어떻게 그 집사님이 처음 만나는 나를 위해 커튼을 선물하고 싶은 마음을 갖게 되었겠는가?

이 모두가 하나님께서 하신 일이 아니고 무엇이겠는가?

며칠 후, 우리집 창문 하나도 빠짐없이 아름다운 커튼이 걸리게 되었다. 지금도 신기한 것은 그렇게 여러 분들이 이사 축하 선물을 해주셨는데 그 중에 하나도 중복되거나 불필요한 것이 없었다. 게다가 급한 것부터 우선순위에 따라 차례차례 공급해 주셨다. 하나님께서는 약속하신대로 그렇게 집안에 필요했던 물건들을 채워 주신 것이다.

미국에서 공부를 마치고 돌아온 남편은 이 집과 집안에 있는 것들을 보더니 한동안 놀라서 아무말 없이 서있었다. 미국에서 귀국할 때 책만 가지고 오라고 했던 이유를 몰랐던 남편은, 나의 간증을 듣고서 한마디로 대답했다.

"정말 하나님이 하셨네!"

나는 하나님께 이렇게 감사기도를 드렸다.

"하나님께서도 아시다시피 계약금 5%도 모자랐던 저에게 하나님께서 이 집을 기적적으로 제게 안겨 주셨잖아요. 그렇기 때문에 이 아파트 입주민 그 누구보다 제가 가장 하나님께 감사할거에요… 하나님, 이제부터 월세 걱정 하지않고 마음 편하게 좋은 집에서 살게 해 주셔서 감사합니다. 이 집에 살면서 하나님께서 제게 맡기신 사명에 날마다 충성하겠습니다…."

며칠 전에 위에서 언급한 그 부동산에서 전화가 왔다.

"교수님, 놀라운 일들이 생겨서 이 기쁨을 함께 나누고 싶어 전화드렸어요. 그동안 이 부동산을 처분하고 다시 캐나다로 돌아갈까 고민했었거든요. 그래서 지난번에 교수님 우리 부동산에 오셨을 때도 제가 기도 부탁했잖아요. 그런데 그 이후에 여러 분들이 오셔서 계약을 했어요. 그 과정을 지금 전화로 다 설명 드릴 수 없지만요, 그 중에 많은 분들이 교수님이 보내주신 분들이셔요. 정말 교수님 말대로 이것도 하나님이 하신거네요. 교수님, 기도해 주셔서 감사합니다."

"저한테 감사하실 필요없어요. 하나님께서 우리의 기도를 응답하신 건데요… 참, 잘 되셨네요. 제 마음도 기뻐요. 인제 캐나다 갈까 고민 안하셔도 되겠죠? 하하…."

부동산 부인은 내게 이렇게 대답했다.

"네, 정말 이건 사람이 한 일이라고는 할 수 없구요, 하나님이 하신게 분명해요. 나중에 그 과정을 다 말씀 드릴께요."

나야 그 과정을 잘 모르지만 그 분의 입으로 "이건 정말 사람이 한 일이 아니라 하나님이 하신게 분명하다"고 했으니 나는 결론만 들어도 기뻤다. 사실 내가 그 모든 분들에게 여기로 이사오시라고 한 마디 한 적도 없었고, 그냥 그 부동산, 경제적으로 축복해 주셔서 하나님 살아계심을 경험하고 하나님 잘 믿게 해 주시라고 기도만 했는데 하나님께서 기도를 들으시고 그렇게 여러분들을 보내 주신 게 분명했다.

그런 일이 있은 후 어느 날 아파트 분양 소장님을 뵈었는데 그의 안색이 안 좋았다. 그래서 왜 그렇게 안색이 안좋으시냐고 했더니 안양에 분양 책임을 맡았는데 분양이 안돼서 밤마다 근심하며 잠을 못 잔다고 했다.

그 말을 듣고 보니 도저히 내가 도울 수 없는 일이라 느껴져서 나는 이렇게 대답했다.

"아휴, 그런 문제라면 하나님께 기도하는 길 밖에 없겠네요."

그렇게 대답했다. 그런데, 일주일 정도 지난 후에 분양 소장님에게서 전화가 왔다.

"교수님, 하나님께서 제 문제를 완전히 해결해주셨어요. 기도해 주셔서 정말 감사합니다. 이젠 밤에 고민하지 않고 발 뻗고 편히 잘 잡니다."

그 말을 들은 나는 오히려 놀라서 되물었다.

"아니, 어떻게 일주일 만에 아파트 단지가 분양 될 수 있나요? 정말이세요?"

"아니요. 그게 아니라 하나님께서 저를 들어서 강남에 있는 본사로 옮겨 놓으셨어요."

나는 갑자기 소리내어 웃었다. 그런 일이 있으리라고는 상상하지 못했기 때문이다.

"어머, 하나님께서 그런 방법을 취하셨군요. 저는 그런 일이 있을 줄 상상도 못했는데… 정말 하나님의 길은 우리의 길과 다른 것 같아요. 이제 안양에 있는 그 아파트도 잘 해결될수있도록 기도하셔야겠네요…."

"그럼요, 하나님께 감사한 마음으로 안양 단지를 위해서도 열심히 기도해야죠."

우리는 함께 통쾌하게 웃었다.

그후 얼마 안되어 분양 소장님은 또 내게 전화를 하셨다.

"교수님, 큰일 났어요. SOS를 보냅니다. 제 아들이 한 달 후에 시력을 완전히 잃게 될거라는 의사의 진단이 있었어요. 부디 교수님도 제 아들을 위해 기도해 주세요."

한달 동안 기도를 한 후 전화를 해서 어떻게 되었느냐고 여쭈어 보았다.

"교수님, 정말 놀랍고 감사하게도 아들이 시력을 완전히 되찾았어요. 기도를 응답하신 하나님께 감사 드렸구요, 기도해주신 교수님께도 감사드리고 싶어서 전화했어요. 얼마나 기쁘고 감사한지, 제가 그 부동산 내외한테도 이 이야기를 해주면서 당신들도 예수님 잘 믿고 기도하며 살아야 한다고 전도했다니까요."

"할렐루야, 살아계신 하나님, 감사합니다! 그 어린 아들에게 시력을 다시 돌려주심에 감사드립니다. 그 아들의 삶을 통해서 영광 받으시옵소서!"

이런저런 일을 보고 들은 그 부동산 내외가 어느 날 나와 함께 손을 잡고 예수님을 영접하는 기도를 했다. 그들과 기도를 마친후 기뻐하는 나의 마음속에 영어 찬양 가사가 떠올랐다.

"To God be the glory, to God be the glory, to God be the glory for the things He has done!!" (하나님께 영광, 하나님께 영광, 하나님께 영광, 그 분께서 하신 일들을 인하여…)

"대저 하나님께로서 난 자마다 세상을 이기느니라 세상을 이긴 이김은 이것이니 우리의 믿음이니라" (요한 일서 5:4)

아버지의 사랑에 감사해서 

어느 날 나의 사역을 위해 기도해 주시는 동역자 집사님이 우리 집에 찾아오셔서 함께 점심을 했다. 점심을 마친 후 집사님은 조심스레 봉투를 하나 내놓으셨다.

"사모님, 하나님께서 제 마음속에 어떤 액수를 정경주 사모님에게 갖다 주라는 마음을 주신 바로 그날 오후에, 정확한 액수를 놀라운 방법으로 채워 주셨어요. 그래서 그 돈을 봉투에 넣어 놓고 너무 기뻐서 사모님 만날 날을 손꼽아 기다려 왔어요."

나는 집사님께 차분한 음성으로 말씀드렸다.

"집사님, 정말 감사하지만 저는 지금 필요하지 않거든요. 그러니 제발 오늘은 점심 같이 한 것으로 감사하고, 차라리 이 돈을 저 보다 더 도움이 필요한 다른 분에게 주시는 게 제 마음이 더 편할것 같아요."

나는 정중하게 감사인사를 한 후, 봉투를 돌려 드렸다.

그 집사님은 정색을 하며 내게 말했다.

"사모님, 꼭 필요할 때가 있을 거에요. 그래서 하나님께서 주신 거에요. 하나님께 순종해야만 제 마음에도 평안이 오는 걸 사모님도 잘 이해하시잖아요. 제가 이걸 사모님께 전해드리려고 오늘까지 얼마나 기다려왔는데요. 너무나도 기뻐서 빨리 드리고 싶었거든요…."

집사님은 그렇게 말하고는 기어이 그 봉투를 놓고 훌쩍 떠나가 가버리셨다.

나는 집사님의 뒷모습을 바라보며 혼자서 그 자리에 서서 잠깐 기도했다.

"하나님, 이 돈을 어디에 쓰라고 갑자기 저 집사님을 통해서 보내 주셨어요? 이 돈, 하나님께서 주셨으니까 하나님께서 기뻐하시는 뜻대로 사용하도록 인도해 주세요."

그런데 다음날 하나님께서 왜 갑자기 그 돈을 주셨는지 그 이유 를 너무나도 분명히 알게 되었다.

출입국 관리소에 어떤 수속을 하기 위해서 갔는데 우리가 살고 있는 집의 등기부 등본을 가져오라는 것이었다. 나는 그동안 월세집 에 살고 있다가 처음으로 집을 사서 이사를 왔기 때문에 등기부 등 본이라는 것이 무엇인지도 몰랐다. 그래서 생각 끝에 그동안 전도를 해왔던 아파트 아래층에 부동산 내외분께 찾아가서 도움을 청하기 로 마음 먹었다.

결혼후 오랫동안 미국에서 살다 돌아와서 한국의 물정을 잘 모르 는 나를 위해 그분들은 등기부 등본이 어떤 것 인지에 대해 설명을 해 주었고, 컴퓨터에서 우리 집의 등기부 등본을 찾아 출력을 해주 겠다고 했다. 그런데 등기부 등본을 출력하던 중 갑자기 깜짝 놀란 표정으로 말씀했다.

"아니 이게 뭐야?"

나도 무슨일인가 놀라서 어깨 넘어로 드려다 보며 여쭈어 보았다.

"왜요? 무슨 일인데요?"

"이거 이상한데요, 사모님네 집이 압류가 되어 있어요."

하시더니 곧장 세무서에 전화를 했다. 아무 영문도 모르고 앉아있던 나는 '왜 저렇게 놀라시나?'하며 그분의 표정만 살폈다.

통화를 마친 그 분은 나에게 설명해 주셨다.

"사모님이 살고 있는 집의 재산세와 과태료를 내지 않아서 집이 압류가 되어 있어요."

"네? 그게 무슨 말씀이세요?"

그 분은 다시 세무서에 전화를 해서 이것 저것 자세히 알아보았다. 알고 보니 세무서에서 재산세 통지서를 전에 내가 살던 주소로 보냈기 때문에 그 통지서가 분실되어 재산세와 과태료가 계속 불어서 결국 지금 살고 있는 우리 집이 압류가 되었다는 것이었다.

나는 깜짝 놀랐다. 분명히 이사 오자 마자 주소 이전 등록을 했는데 이상하다 생각되어 알아보았더니 직원의 오류로 인해 주소가 바뀌지 않은 채 옛 주소 그대로 있었던 것이다.

나는 그런 내막을 전혀 모르고 있었는데 곧바로 재산세와 과태료를 내야 압류가 풀리고, 압류가 풀려야 내가 그날 하려했던 또다른 수속을 진행할 수 있었다. 예상치 않았던 일인데다 갑자기 목돈을 어디서 구하나? 생각하니 마음이 무거웠다.

바로 그때 그 전날 집사님께서 놓고 가신 봉투가 떠 올랐다. 갑자기 코끝이 시큰하며 눈물이 핑 돌았다. 내가 그 집사님께 "나는 지금 그 돈이 필요하지 않으니 다른 필요한 분에게 드리라"고 했을 때 그 집사님께서 "분명히 필요할 때가 있어서 하나님께서 주신 것"이라고 확고부동하게 말씀하셨던 모습이 떠오르며 나는 하나님의 사랑과 은혜에 감사해서 눈물을 주르르 흘렸다.

　　세무서 직원 중 한 분이 "이의 신청"을 해서 과태료를 받아낼수 있다고 귀뜸해 주었지만 하나님의 풍성하신 은혜와 사랑을 경험하게 된 나는 다른 사람의 실수도 너그러이 넘어갈 수 있는 마음의 여유가 생겼다. 실수를 한 직원에게 불이익을 주고 싶지 않았던 것이다. 그날 그런 일이 없었더라면 우리가 살고 있는 집이 압류가 되어 있다는 사실도 모르고 있었을 텐데 이렇게 문제가 해결될 수 있게 해 주신 하나님께 오히려 감사를 드리게 되었다.

　　일이 해결된 이후 나는 돈을 가지고 오신 집사님께 이 모든 상황을 전하며 감사를 드렸다. 집사님도 기뻐하며 말했다.

　　"그런 이야기를 들려주셔서 저도 하나님의 살아계심과 인도하심에 더욱 큰 격려와 용기를 얻게 돼요."

　　그러면서 집사님은 내게 다음과 같은 간증을 들려 주었다.

　　어떤 목사님의 설교를 통해서 예수 전도단에서 사역하시는 분들은 급여가 없다는 말을 들었다고 한다. 그 말을 듣고 난 후에 하나님께서 계속 마음속에 그곳에 찾아가서 어려운 목사님께 돈을 드리라는 마음을 주셨다고 한다. 그래서 얼마를 드려야 하며, 그 많은 사역자 중에 누구에게 드려야 하는지 인도해 주시라고 기도를 하는데, 하나님께서 문득 전에 큰 딸 학원 등록비를 미리 냈는데 학원을 다니지 못하게 된 일이 생각나게 하셨다고 한다.

　　하나님의 뜻이면 환불 받게 해 주시고 그 돈을 예수 전도단 사역자 한 분에게 드릴 수 있게 해 주시라고 기도한 후 학원에 전화를 했는데 환불해 주겠다고 해서 그 돈을 받아왔다고 한다. 기쁜 마음으로 그 돈을 봉투에 넣어가지고 그 많은 분들 중에 누구에게 이 돈을 드릴까 기도하는데 순종하는 마음으로 그곳에 가기만 하면 하나님께서 인도해 주실 것이라는 확신을 주시기에 무조건 지하철을 타고 그곳을 찾아 나섰다고 한다.

그런데 이상하게도 이 사람 저 사람에게 물어서 찾아가는데 만나는 사람마다 길을 다르게 가르쳐 주는 바람에 갔던 길을 맴돌다 보니 뜻하지 않게 시간을 많이 허비하게 되었다고 한다.

마침내 예수 전도단 사무실 앞에 도착했을 때 점심식사를 하려고 한 무리가 밖으로 나오는 모습을 본 집사님은 '점심시간이라 다들 나가시고 아무도 안 계시면 어떻게 하나?' 염려했다고 한다. 그런데 바로 그 순간 '저렇게 다들 나오시지만 분명 한 분은 사무실을 지키고 계실 것이라' 라는 확신이 들어서 그대로 건물 안에 들어섰다고 한다. 건물 안의 그 많은 방들 중에 한 방문을 열고 살짝 드려다 보는데 텅 빈 사무실에 꼭 한 분이 앉아 계시는 것을 보고 집사님은 '아, 하나님께서 바로 저 분에게 이 봉투를 드리라고 나를 점심시간까지 기다리게 하셨구나. 내가 만일 오는 길에 헤매지 않고 곧장 찾아왔으면 그 많은 분들 중에 누구에게 이 봉투를 드려야 할 지 모를 테니까 하나님께서 점심시간까지 나를 길에 붙잡아 두시고 저분 한 분만 남겨놓고 모두 점심식사를 하러 내보내셨구나!' 생각하며 기쁨으로 다가가서 준비해 가지고 간 봉투를 그 분께 전해 드렸다고 한다.

하나님께서는 자녀들의 발걸음을 인도하시며 적시적기에 자녀들의 필요를 채워주시는 분이심을 다시 한번 깨달으며, 집사님과 나는 하나님께 감사와 영광을 올려 드렸다.

"믿음으로 말미암아 그리스도께서 너희 마음에 계시게 하옵시고 너희가 사랑가운데서 뿌리가 박히고 터가 굳어져서 능히 모든 성도와 함께 지식에 넘치는 그리스도의 사랑을 알아 그 넓이와 높이와 깊이가 어떠함을 깨달아 하나님의 모든 충만하신 것으로 너희에게 충만하게 하시기를 구하노라."(에베소서 3:17-19)

행복은 어디에? 

　나는 요즘 일상 생활속에서 일어나는 단순하면서도 소박한 행복을 더욱 감사한 마음으로 받아들인다. 누가 말하기를 행복은 먼데 있는것이 아니라 바로 가까운, 작은 일에서 찾을수 있다고 했는데 그 말에 공감하며 나의 삶속에서 잔잔한 행복들을 누리고 있다.

　며칠 전에 미국으로 돌아가시는 어머니를 공항에 모셔다 드리고 집에 돌아왔는데 처음엔 잘 견디었는데 밤이 되니 갑자기 마음이 쓸쓸해 지더니 어머니를 다시 뵐수 있을까 하는 생각이 들며 슬픔이 밀려왔다. 연로하시니 언제 떠나실지 모른다는 두려움이 엄습했다. 그래서 창가에 앉아 어머니 생각을 하고 있는데 누가 방문을 두드렸다. 작은 아들이 조심스럽게 물었다.

"엄마 들어가도 돼요?"

"음, 들어와. 무슨 일인데?"

작은 아들은 느닷없이 자기 친구와 함께 들어와 물었다.

"엄마, 무슨 노래가 제일 좋으세요? 친구와 내가 둘이서 노래 불러드릴게요."

평소에는 자기가 학교에서 노래를 부르는 날에도 부끄럽다고 못 오게 말리던 애가 왠지 자청해서 노래를 부르겠다니 너무 의아하고 반가워서 나는 얼른 대답했다.

"그래, 엄마는 네가 가장 좋아하는 노래를 듣고 싶은데…."

이 말을 들은 작은 아들은 목청을 돋구어 〈예배하는 마음〉이라는 영어 찬양을 불러 주고는 "엄마, 사랑해요!" 하면서 나를 꼭 안아 주었다. 그리고 돌아서면서 자기 친구에게 눈짓을 하니 친구도 덩달아 나를 꼭 껴안주었다.

너무나도 기특하고 고마워서 나는 그들을 향해 말했다.

"사실은 할머니가 오늘 미국으로 돌아가셔서 내 마음이 무척 슬펐거든? 그런데 어떻게 너희들이 그런 엄마의 마음을 알고 이렇게 와서 찬양을 불러 주었니? 참 위로가 많이 되었단다. 고마워. 너희들은 하나님께서 보내주신 작은 천사들이야. 너희들을 내게 보내주신 하나님께도 감사해…."

그 말을 듣던 아들이 대답했다.

"엄마가 기쁘니까 나도 기뻐요. 그게 바로 제가 원했던거에요."

이렇게 말하고는 친구와 함께 방을 나섰다. 나는 아들과 친구를 통해 잔잔한 행복으로 나의 허전한 마음을 위로해 주신 주님께 감사를 드렸다. 우리가 누구를 행복하게 해주는 것은 꼭 크고 대단한 것이 아니라도 이처럼 상대방의 마음을 읽고 마음과 마음을 서로 주고 받을수 있는데서 오는게 아닐까?

요즘 주위에 예쁜 꽃들이 많이 피어난다.

며칠 동안 새벽에 남편을 따라 남산 꼭대기까지 걸어갔다 왔는데 개나리 진달래 이름 모름 꽃들과 파란 솔나무 등이 어우러져 얼마나 싱그럽고 눈부신 아침이었던지…. 정말 서울 시내 한복판에 자연과 생명이 넘치는 산을 주신 하나님께 감사하고, '이것이 바로 귀한 보물이구나!' 하는 생각이 들었다.

한편 우리 앞에서 엄마, 아빠, 어린 아들과 딸, 네 식구가 손잡고 함께 걷는 모습도 자연의 아름다움과 어울리는 아름답고 행복한 광경이었다. 남편은 내게 함께 가주어서 고맙다고 몇번이나 고마워 했다. 아름다움을 함께 나눌수 있는 것도 행복이라는 것을 깨달았다. 행복은 이처럼 가까운 곳에 있다. 내가 행복할 때 다른 사람을 행복하게 할수 있고, 나의 마음에 평안이 있을 때 다른 사람과 평안을 나눌수 있는 것이다.

오늘 아침에 나는 노란 펜지와 들꽃을 집앞 길가에 심었다. 꽃을 심고 있는 동안 세 사람의 이웃이 지나가며 각각 한마디씩 했다.

맨 처음 지나던 이웃은 미소와 함께 "꽃이 참 예쁘군요." 하면서 꽃을 심는 나의 마음을 뿌듯하게 해 주었다.

그 후 또 다른 이웃이 지나다가 발을 멈추고 이렇게 말했다.

"꽃들이 참 예쁘네요. 저도 오늘 꽃을 샀는데요, 원하신다면 제 꽃을 좀 더 가져 가세요." 했다. 나는 저만치 그 분의 화단을 바라보면서 응답했다.

"정말 댁의 정원은 더욱 예쁘네요…. 저도 댁의 꽃들을 보면서 너무 예뻐서 이렇게 꽃을 심게 되었답니다."

그 이웃은 마침 내가 흙이 더 필요한 것을 알고는 자기가 쓰고 남은 흙을 갖다 주었다.

나는 그 이웃에게 웃으며 말했다.

"어쩌면 제가 꼭 이만큼의 흙이 필요한데 때 맞춰서 흙을 갖다 주셨네요. 정말 감사합니다."

그렇게 말하고는 남아있던 노오란 펜지 꽃을 길 옆에 마저 심었다. 그 이웃도 내가 심은 꽃을 바라보며 나와 함께 행복해했다.

그런데 막 꽃 심는 일을 마치고 허리를 펴는데 또 다른 이웃이 다가왔다.

그 이웃이 내게 하는 첫마디가 나를 놀라게 했다.

"아휴, 나는 이런데 전혀 관심 없어… 근데 좀 더 기다리지 그랬어요?"

그말을 들은 나는 속으로 '무얼 더 기다리라고 하나?' 생각하면서도 뭐라고 할말을 찾지 못해 그대로 서있는데 그 이웃은 또 한마디 덧붙였다.

"근데 여기 길에다 꽃을 심지 말고 장미하고 관상수 옆에다 꽃을 심지 그랬어요?"라고.

결국 나는 아무 말도 못한채 인사만 하고 집안으로 들어섰다.

그날 저녁에 집에 온 남편에게 나는 이야기 했다.

"오늘 집앞 길가에 꽃을 심었는데, 똑 같은 꽃을 보고 한사람은 예쁘다고 미소지으며 지나갔고, 또 한 사람은 정말 예쁘다면서 뭐가 더 필요한지 살펴보고 흙을 갖다주며 도움을 주었고, 또 한 사람은 난 이런데 관심없다고 하면서도 왜 더 기다리지 않았느냐, 왜 꽃을 저기다 심지않고 여기다 심었느냐며 비판을 했는데, 그 세사람 중에 누구의 마음이 가장 행복할까?"

아마도 다른 사람의 마음을 행복하게 해 준 사람의 마음이 가장 행복했을 것이다.

사람은 누구나 행복하기 원한다. 하지만 정작 나의 행복을 위해 무엇을 할 수 있는지에 대해 구체적으로 생각해 보지 않고 그럭저럭 살아가는 사람도 많다. 혹은 지금 내 삶속에서 발견할수 있는 행복은 지나쳐 버리고 요행을 바라는 행운을 찾기 위해 먼곳을 바라보며 시간과 에너지를 허비하는 사람들도 있다.

내 주위에 행복하다고 말하는 사람들과 불행하다고 말하는 사람들의 차이점을 관찰해 보았다.

그런데 놀라운 사실은, 행복하다고 말하는 사람을 보면 반드시 모든 조건이나 환경이 좋은 사람은 아니었다.

내가 아는 어떤 분은 남편도 없고 아들 하나와 친정 어머니 모시고 정해진 월급으로 살면서, 정말 부유하진 않지만 늘 다른 사람에게 나누어 주기 좋아하고, 격려의 말을 해 주고, 누군가 도움이 필요하면 도와주려 애쓰고…. 항상 밝고 화사한 웃음 띤 얼굴과, 매사를 긍정적으로 보며 다른 사람에게까지 긍정적인 에너지를 전염 시킨다.

그런가 하면 어떤 분은, 자기를 아껴주는 남편도 있고 효도하는 자녀들도 있고, 삶에 필요한 모든 것을 풍족하게 소유하고 있으며 정말 남부럽지 않게 사는 분이 있다. 오죽하면 주위에서 그녀를 보며 "참 행복하겠다"라며 부러워하지만, 막상 본인은 만날 때마다 얼굴을 찡그리면서 "정말 내가 얼마나 불행한지 아무도 모를거에요."라며 불평을 일삼는 사람이 있다. 그녀의 남편이 옆에 있는데도 내게 그렇게 노골적으로 말할 때는 내가 민망해서 화제를 돌리곤 한다.

이 두 사람의 다른 점을 한마디로 표현하자면 한 사람은 긍정적인 사람이고 다른 한 사람은 모든 것을 부정적으로 보는 사람인 것이다. 우리의 마음속에 긍정적인 생각이 아닌, 부정적인 생각과 불만이 자리잡고 있는 한 우리는 아무리 좋은 것이 있다해도 행복을 느낄 수 없을 것이다.

사소한 것도 긍정적으로 생각하며 감사하는 사람은 행복한 사람이다.

행복? 나도 예전에는 뜬구름 잡듯이 뭔가 저 멀리 있을 듯한 행복을 찾으려고 애썼지만 지금 생각해 보면 행복은 내 곁에 있는 것이다. 행복과 행운은 다르다. 행복은 지금 내가 있는 삶의 현장속에 사소한 것들에서 찾을수 있는 것이지만 행운은 내게 있지 않은 그 무엇을 향해 막연한 요행을 바라는 것이라고 생각한다.

나는 어렸을 때 풀밭을 걷다가 클로버 꽃을 보면 그 자리에 앉아서 클로버꽃으로 반지도 만들고 팔찌도 만들어서 손에 끼고, 또 클로버꽃들을 엮어서 화관을 만들어 머리에 쓰고 내가 이 세상에서 가장 예쁜 공주가 된 것 처럼 콧노래를 부르며, 풀밭을 사뿐 사뿐 걸어다니면서 나 혼자만의 비밀스러운 행복을 누렸던 기억이 난다. 그 소담한 꽃반지와 팔찌, 화관은 어린 나를 충분히 행복하게 했었다. 누가 뭐래도 내 마음이 즐거우면 행복한게 아닌가?

그런데 어떤 아이들을 그런 나의 행복을 이해하지 못했던 것 같다. 그 예쁜 세잎 클로버들을 지나쳐 버리고, 네잎 클로버를 찾기 위해 많은 시간을 낭비하다가 해가 지면 무참히 짓밟은 세잎 클로버들을 뒤로 하고, 네잎 클로버도 찾지 못한채 아쉬움만 안고 집으로 돌아가야 했다.

지금 생각해 보면 어린 시절의 한 추억이기도 하지만, 사실 그런 일은 우리 인생과도 같다는 생각이 든다. 세잎 클로버의 꽃말은 '행복'이고, 네잎 클로버의 꽃말은 '행운' 이라고 한다.

사람들은 세잎 클로버를 보면 네잎 클로버를 찾기 위해 여기 저기 두리번 거리며 돌아다닌다. 그렇게 네잎 클로버를 찾아 다니는 동안 애꿎은 세잎 클로버들은 팽개쳐지고, 많은 시간을 허비하게 된다. 그러다가 인생의 종말이 오면 그토록 찾아 다니던 행운은 찾지 못하고 내 곁에 있던 셀 수 없이 많은 행복마저 즐기지 못한채, 본 향집으로 돌아가야 한다.

이처럼 행복은 우리 주위 곳곳에 가득한데, 사람들은 내 옆에 있는 소소한 행복보다 저 멀리 있을 듯한 요행을 바라는 행운을 찾기 위해 분주하게 살아간다.

나는 요즘 이 세잎 클로버들과 같은, 내 삶 속에 있는 소소한 행복들에 감사한다. 풀잎에 맺혀있는 영롱한 새벽 이슬만 보아도 미소가 떠오르며 감사함을 느낀다. 그렇게 남모르는 감사를 느낄 때 가슴속에 작은 행복이 잔잔하게 번진다. 이 행복을 누가 빼앗아 가랴? 아침에 눈뜰 때 새들의 노래소리를 들으면서도 감사와 함께 새아침이 시작되고, 길 옆에 피어난 이름 모를 보라빛 꽃들을 보면서도 혼자 미소를 지으며 그 꽃을 지으신 하나님께 감사한다. 어제는 공원을 걷는 중에 임산부가 저만치 앞쪽에서 걸어오는 모습이 보였다. 그 임산부의 배를 보니 그 속에 웅크리고 앉아있을 작은 생명이 상상되기에 나도 모르게 미소를 지으며 이렇게 기도했다.

'하나님, 저 엄마와 배속에 있는 아기를 축복해 주세요… 둘다 건강하게 출산하게 해 주세요….'

그냥 지나가는 사람에게 그렇게 축복 기도만 해 주어도 내 마음이 행복했다. 그 임산부의 뒤에 보이는, 바람에 나부끼는 나뭇잎들과 그 나뭇잎에 반사되는 황금빛 햇살에도 감사와 행복을 느꼈다.

그런 행복한 마음으로 사랑하는 사람들의 이름을 부르며 그들을 위해 기도하는 내 마음은 더욱 더 큰 감사와 행복을 느꼈다.

그렇게 산책을 마친후 집에 돌아와, 소찬이지만 사랑하는 가족들과 함께 내가 만든 음식을 나누는 행복에 또 다시 감사했다.

이 책을 쓰면서도 나같이 부족한 사람에게 책을 쓸수 있는 형편을 허락해 주심에 말할수 없는 감사와 행복을 느낀다. 비록 연약하고 부족해도 하나님 위해 무언가 작은 일을 할 수 있다는 뿌듯함에 감사하고, 또 이 책을 읽게될 사랑스러운 독자들을 상상하며 감사한다.

지금 내가 할수 있는 일이 있음에 감사하고, 이 일을 할 수있는 건강과 형편을 허락하심에 감사한다.

어떤 사람들은 손해를 보아도 행복한 마음으로 손해보는 사람이 있다. 비록 손해를 볼지라도 자신의 마음이 행복하면 그 손해가 손해같이 여겨지지 않는가 보다. 손해 보는 거 좋아할 사람이 어디 있겠는가? 그런데 그 사람은 늘 마음의 여유를 가지고 이렇게 말한다.

"괜찮아, 살다보면 그럴수도 있지 뭐. 우리가 얼마나 축복을 많이 받았는데…."

자신이 손해를 본 것에 대해 연연하지 않고 곧 눈을 돌려 더욱 가치있고 중요한 일에 마음을 쏟는다. 정말 손해를 보는 경우에도 그다지 속상하거나 불만스럽게 느껴지지 않는지 늘 콧노래를 부르며 다닌다. 나의 남편이 바로 그 사람이다. 나는 가끔 그런 남편을 보며 속으로 이렇게 생각한다.

'저 사람은 어떻게 저렇게 마음이 여유로울까? 남자라서 그런가? 참 부럽다. 나도 저렇게 되었으면 좋겠다….'

그런데 참 재미있는 일이 생겼다. 이 글을 쓰고 있는데 미국에 다니러 갔던 남편이 돌아왔다. 나는 글을 쓰다 말고 일어나서 남편을 맞아 가방 푸는 것을 도왔다. 가방속에서 짐을 꺼내던 남편이 내게 새로 산 옷을 보여주면서 이런 말을 했다.

"이 바지, 이 셔츠와 잘 어울리지?"

"음, 아주 잘 어울리네요. 색갈도 멋있고…."

남편은 이어서 말했다.

"우리가 전에 갔던 그곳에서 이 옷을 사는데 말야, 70% 할인해주는 세일 기간 이었어. 그런데 점원이 내게 묻더라구. 회원 카드가 있느냐고. 그래서 내가 가지고 있던 회원 카드를 보여주었지. 그랬더니 그 점원이 말하기를 이 회원 카드가 있으면 추가로 10%를 더 할인해 준다잖아. 그래서 이 옷을 80% 할인을 받고 사게 되었어."

미국에 갈때마다 꼭 그곳에서 본인의 옷과 아이들의 옷을 사주는 남편에게 나는 무심결에 이렇게 반응했다.

"어머나, 그 회원 카드 이제껏 쭉 갖고 있었는데…. 지난번에 아이들 크리스마스 선물 사줄때는 그걸 몰라서 사용을 못했잖아…. 당신 그때는 그걸 몰랐어요?"

남편은 그말에 대한 대답은 하지 않고 내게 이렇게 말했다.

"왜 지나간걸 생각하지? 기분 언짢을 꺼리를 찾아내지 말고, 긍정적으로 생각하며 이번에 할인해준 것에 대해 감사하자구…." 하더니 콧노래를 부르며 계속 가방을 풀었다.

그 말을 듣는 내 마음속에 '아차, 왜 나도 모르게 그런 부정적인 생각을 했지?' 생각하며 남편에게 얼른 대답했다.

“아, 미안 미안, 당신 말이 맞아요…. 지금이라도 그 사실을 알게 되어 다행이죠? 다음에 미국 갈 때 그 카드를 사용하면 좋겠네요….”

이런 남편과 같이 살아서 그런지 요즘은 나도 닮아가는 것 같다. 전에는 손해를 보면 속이 상하고 기분이 안좋았는데 요즘은 손해를 보는 일이 있어도 그것에 별로 집착하지 않게 된다. 그리고 ‘이미 지난 일을 어쩌랴?’ 생각하며 긍정적으로 생각하려고 노력한다.

인간의 두뇌에 전염성이 가장 빠른 영향력이 긍정적인 생각과 부정적인 생각이라는 연구발표를 본 적이 있다. 물론, 두뇌를 건강하게 하려면 충분한 수면과 영양 섭취, 적당한 휴식과 운동도 필요하지만 그 외에도 건강한 두뇌는 긍정적인 생각을 많이 심어준 두뇌이고, 부실한 두뇌는 부정적인 생각을 많이 심어준 두뇌라는 설명과 함께 두가지 두뇌의 사진을 본 기억이 있다.

우리의 두뇌에 긍정적인 생각을 많이 심어줄 때 두뇌가 건강해질뿐 아니라, 인간의 마음 속에 행복한 감정을 전달하고, 부정적인 생각을 심어줄 때 ‘나는 불행하다’ 라는 불행한 감정을 전달한다고 한다. 그러기에 나 자신이 행복하려면 긍정적인 생각을 두뇌에 많이 심어주어야 하는데, 가장 좋은 방법이 긍정적인 생각을 하는 사람과 시간을 많이 보내는 것이라고 한다. 왜냐하면 긍정적인 생각을 하는 사람과 함께 있을 때 그 긍정적인 영향력이 우리의 두뇌에 긍정적인 생각을 전염시키기 때문이다.

어떤 사람들은 이 긍정적인 영향력을 “해피 바이러스”라고 부르기도 한다. 나는 이런 강의를 들으면서 내가 날마다 하나님의 말씀을 묵상하며 긍정적인 생각을 나의 영혼과 두뇌에 심어주고, 이 세상에서 가장 긍정적인 하나님과 함께 시간을 보내는 것이 얼마나 좋은 영향력을 끼치는 일인가 생각해 보았다.

우리가 살면서 이런 저런 손해를 보더라도 나 자신의 행복을 빼앗기지 않는 게 더 중요하지 아니한가? 그렇게 생각하다 보면 마음에 여유가 생기고 불평이 줄어드는 것을 느낄 수 있다. 절대로 손해를 안 보겠다는 여유 없는 마음으로 살면 불평과 불만이 쌓이게 되고, 나 자신의 소중한 행복을 빼앗기게 될 뿐 아니라, 주위 사람들에게까지 부정적인 영향력을 주게 된다.

결국 축복의 근원은 하나님이시기에, 손해를 좀 보더라도 하나님께서 우리에게 축복을 주시면 그게 최고라고 생각하며 새로운 날을 맞이하는 것이 자신의 건강과 행복을 위해서도 도움이 되는 것이다.

나의 행복을 위해 내가 할 수 있는 것이 있고 할 수 없는 것이 있다. 어차피 내가 할 수 없는 불가항력의 일은 전능자 하나님께 맡기고, 나는 지금 내가 할 수 있는 일에 초점을 맞추고 긍정적인 태도로 살아간다면 나의 마음이 좀 더 여유로워 질 것이다.

헬렌 켈러는 삼중고의 장애와 더불어 살았다.

보지도 못하고 듣지도 못하고 말도 못했지만 그녀는 인류의 가슴에 꿈을 심어 주고 진정한 행복이 무엇인지 말해 주었다. 그녀의 행복의 비결은 바로 이것이었다.

"태양을 바라보고 살아라.

그대의 그림자를 보지 못하리라.

고개 숙이지 말아라.

세상을 똑바로 정면으로 바라보라.

나는 눈과 귀와 혀를 잃었지만

영혼을 잃지 않았기에 모든 것을 가진 것이다.

그대가 불행할 때 세상에서

그대가 해야 할 일이 있다는 것을 믿어라.

그대가 다른 사람의 고통을 덜어줄 수 있는 한,

삶은 헛되지 않으리라."

얼마나 소중한 진리인가! 어떤 커다란 성취에서 행복을 찾으려 애쓰기 보다는 매사를 긍정적으로 보는 눈, 사소한 것에도 감사하는 마음, 손해를 보더라도 마음의 평정을 잃지 않는 여유로운 마음으로 살아갈 때에, 나의 마음이 스트래스와 분노보다는 긍정적인 생각으로 채워질 것이다. 비록 일이 뜻대로 안될때에도 불평 불만보다는 지금 내가 할 수 있는 일을 찾아서 할때 행복을 발견하게 될것이다.

인생여정에서 지고 가기는 무겁고, 내려 놓기는 아쉬운 미련들을 떨쳐내지 못하고, 자질구레한 짐을 계속 짊어지고 살아갈 때에 나는 결코 행복할 수 없을 것이다.

꼭 무엇을 이루고 소유해야 행복해질 거라는 허탄한 망상도 버리고, 다른 사람과 비교하며 더 많은 것을 이루어야 행복할 수 있을 거라는 어리석은 욕심도 내려놓고, 복음성가의 가사처럼, 주님 말씀

대로 가라 하시면 가고, 멈추라고 하시면 멈추고, 그 자리에서 기다
리라 하시면 기다리고….

그렇게 홀가분한 몸가짐으로 주님을 따를 때 나의 영혼은 비로소
자유와 행복을 누릴수 있게 될 것이다. 다른 사람과 나를 비교하지
않고 나의 삶 속에서 행복을 찾으며, 오늘 내게 주어진 하루 동안
나의 최선을 다할 때, 나의 마음은 감사와 평안으로 채워질수 있을
것이다. 그렇게 살다보면, 헛되이 기다렸던 행운이 아닌, 오늘 내 삶
속에서 발견하는 크고 작은 행복을 누릴수 있게 되는 것이다.

이제와서 지난 과거를 다시 돌이켜서 살수는 없을지라도, 앞으로
나는 이런 행복과 평안을 음미하며 남은 인생길을 가고자 한다. 그
렇게 가는 길에, 이 세상에 행복이 어디에 있느냐고, 평안이 어디에
있느냐고 묻는 이들을 만나면 '우선 무거운 짐을 내려놓고 이 노래
를 들어보라' 고 말하며 내 영혼 깊은 곳에서 솟아나는 찬송을 그들
에게 들려주리라….

내 영혼의 그윽히 깊은 데서 맑은 찬송이 울려나네
하늘 곡조가 내 맘에 흘러 나와 내 영혼을 고이 싸네
평화 평화로다 하늘 위에서 내려오네
그 사랑의 물결이 영원토록
내 영혼을 덮으소서

"여호와께서 자기 백성에게 힘을 주심이여 여호와께서 자기 백성에게
평강의 복을 주시리로다."(시4:8)

아들에게 배운 교훈

어느날 우리집에 있었던 일이다.

그날 나는 아침부터 종일 찬양 음반 녹음하고 집에 돌아가서 저녁을 만들어 가족들과 함께한 이후, 다음날 녹음 할 찬양 악보 정리 하느라고 밤 늦게까지 무척 피곤해 있었다. 무겁고 피곤한 몸으로 겨우 이층에 올라가서 침대에 누워 편히 쉬려고 했는데 방에 들어서자 이상한 냄새가 났다. 침대를 보는 순간 얼마나 맥이 풀렸던지…. 새로 깨끗하게 세탁해 놓은 오리털 이불에 강아지가 볼 일을 본 것이었다. 강아지를 찾으니 자기도 잘 못 한 줄 알았는지 침대 밑에 숨어 있었다.

나의 낙심한 모습을 본 남편은 강아지를 데려다가 발코니에 내놓았다. 정작 강아지의 주인인 작은 아들은 친구 집에 놀러 가고 없었다. 나는 피곤한 몸으로 이불을 소독하고 청소 하느라고 계속 이층에 있었는데 아래층에서 방금 들어온 작은 아들과 아버지의 충돌이 시작 되었다. 아버지는 아들에게 다그쳤다.

"너, 강아지 데려올 때 강아지를 책임 지겠다고 약속 했지? 그런데 일년이 넘도록 강아지를 제대로 책임지지 못했으니까 오늘부터는 강아지를 발코니에서 재워야 겠다."

잠시 조용하던 아들이 이내 아빠에게 말대꾸 하는 소리가 들렸다.

"좋아요. 그럼 나도 강아지 하고 같이 발코니에서 잘 거예요!"

그 말을 남긴 작은 아들이 문을 쾅 닫고 나가는 소리가 들렸다.

이층에서 이런 소리를 듣고 있던 나는 얼른 기도를 했다.

"아이구, 하나님, 이 일을 어떻게 해요? 제발 남편에게 이럴때 필요한 지혜를 주시고 아들의 마음에도 주님께서 말씀해 주세요. 이럴 때 저도 어떻게 해야할지 생각이 안나네요…."

나는 그때 너무 지쳐있었기 때문에 아들과 아빠의 충돌에 끼어들 만한 에너지도 지혜도 없었고, 지혜가 부족할 땐 무조건 기도가 최고라는 생각이 들어서 그렇게 기도할 수밖에 없었다.

기도를 하고 난 후 잠시 일손을 멈추고 '이럴 땐 어떻게 해야 하지?' 생각해 보았다. 그런데 문득 마음속에 떠오르는 말씀이 있었다.

"사랑은 모든 허물을 덮느니라"(잠언 10:12)

'아, 그렇구나! 아들도 사랑을 느끼면 마음이 감동되어 오히려 자원하는 마음으로 부모에게 순종할거야' 라는 생각이 들었다. 그래서 나는 아들 방에 가서 헝클어져 있던 침대를 깔끔하게 정리해 놓고 아들이 들어오면 편안히 잘 수 있도록 벼게도 세 개나 폭신하게 쌓아 놓았다. 아들이 벼게를 무척 좋아하기 때문이다. 일단 그렇게 나의 마음 속에 있는 사랑을 표현해 본 것이다. 아들이 마음이 상해있는 동안에는 말을 해도 안 통할 것 같았기에….

정리가 끝난 후 아래층에 내려갔더니 남편은 내게 말했다.

"날씨도 추운데 다니엘이 강아지를 안고 발코니에서 울고 있으니 당신이 좀 나가 봐요."

발코니에 나가보니 오렌지색 빵떡 모자를 쓰고 앉아있는 아들의 뺨에는 눈물이 계속 흐르고 있었고, 강아지를 품에 안고, 성경을 옆에 놓고, 성경 암송 카드를 들여다 보고 있는 모습이 얼마나 사랑스럽고 대견스러웠는지 가서 왈칵 안아주고 싶었다. 그러나 냉정을 되찾고 나는 아들에게 말했다.

"밤이 늦었고 아침에 학교에 가야 하니까 이제 들어와서 엄마하고 이야기하고 잠자리에 들어야 하지 않겠니?"

아들은 눈물이 범벅된 얼굴로 나를 향해 말했다.

"저 지금 혼자 있고 싶어요. 준비되면 들어가서 엄마와 이야기 할게요."

일단 그 아이가 문제가 생기고 마음이 힘들 때 하나님의 말씀을 묵상하고 있는 모습을 보니 안심이 되었다. 하나님께 속한 아이니까 하나님께서 성경 말씀을 통해 그 아이에게 말씀해 주실 것이라는 확신이 들자 나는 마음이 가벼워져서 더 이상 아무 말 하지 않고 집 안으로 들어왔다. 집안에 들어 온 이후에도 나는 아들의 성경 읽는 모습을 생각하며 기도했다.

"하나님, 감사합니다. 아이들이 어려움이 생기고 힘들 때마다 하나님의 말씀에서 위로와 응답 받게 하시고 저도 항상 그렇게 살게 해 주세요."

한참 후 아들이 내게 왔는데 자기 몸에 온통 개털이 덮여 있는 것을 보더니 겉옷을 벗고 난 후 나를 꼭 껴안으면서 말했다.

"엄마, 사랑과 미움이 있는데요, 사랑은 하나님께 속했고 미움은 사탄에게 속한 것이죠. 엄마가 날 사랑하는 사랑이, 강아지를 미워하는 마음보다 더 큰 줄 나는 믿어요."

그의 말을 들은 나는 그에게 말했다.

"그래 네 말이 맞다. 나는 강아지가 시도 때도 없이 아무데나 볼일보고, 너무나 털이 빠져서 온 종일 강아지털 때문에 보통 신경 쓰이는게 아니지만 널 사랑하기 때문에 강아지를 못 보내는 거야. 그럼, 너는 엄마를 사랑하기 때문에 강아지를 어떻게 간수할 건데?"

"강아지를 더욱 자주 데리고 나가 대소변 가릴 수 있도록 훈련시키고, 소파나 침대 위에 올라가지 못하게 하고, 나도 엄마한테 올 때는 강아지털 묻은 옷을 벗고 올 거예요."

반발심으로 문을 쾅 닫고 나간 아들의 마음 속에 하나님께서 이미 말씀하셨다는 것을 느끼면서 나는 또 다시 하나님께 감사를 드렸다.

얼마 후에 아들은 내 곁에 와서 눕더니 내 손을 잡고 조용히 말했다.

"엄마, 죄송해요, 제가 강아지를 잘 간수하지 못해서요. 용서해 주세요."

"다니엘, 엄마는 네가 엄마에게 와서 용서를 구하기 전에 이미 너를 용서했어. 엄마는 널 사랑하기 때문에 네가 무슨 잘못을 해도, 또 비록 용서를 구하지 않는다 해도 항상 너를 용서하고 사랑할거야. 다만 네가 엄마한테 와서 '용서해 주세요' 그 한마디를 할 때 내 마음이 그렇게 기쁠 수가 없어. 그렇게 하면 너의 마음도 기쁘고 홀가분 하지 않아?"

"네, 엄마. 맞아요. 저도 그래요."

그 말을 들은 나는 마음속에 느끼는 데로 계속 아들에게 이야기했다.

"우리 하나님의 마음도 그러실 것 같지 않니? 우리가 잘못하고 난후, '하나님 잘못했습니다. 용서해 주세요' 하면 언제든지 용서해 주실 줄 믿어. 사실은 우리가 예수님을 구주로 믿고 우리의 모든 죄를 용서해 주시길 기도했을 때 하나님께서는 우리가 알고 모르고 지은 모든 죄를 용서해 주시고 우리를 하나님의 자녀로 받아 주셨지. 그후 우리가 죄를 지을 때 마다 우리의 죄를 자백하고 하나님께 용서를 구하면 하나님께서 지금 엄마의 마음 처럼 이렇게 기꺼이 우리의 죄를 용서해 주실거야. 그치?"

"네, 엄마."

그 말을 남긴 아들은 어느새 나의 손을 꼭 잡은채 평온하게 잠이들어 있었다.

다음날 새벽에 일어나 방송 원고를 쓰고 있는데 아들이 와서 날꼭 껴안고 뽀뽀를 했다. 그 포옹과 뽀뽀 속에는 어제 밤에 보았던반항과 분노의 찌꺼기가 조금도 남아있지 않다는 것을 느끼면서 나는 기쁘고 가벼운 마음으로 아들을 위해 아침 식사를 만들었다.

아침을 먹고 난 아들은 자기 머리를 내게 기대며 말했다.

"엄마, 기도!"

학교에 가기 전에 기도해서 보내 달라는 뜻이었다. 함께 포옹한채 기도하고 난 후 학교를 향해 걸어가는 아들의 뒷모습을 보면서나는 다시금 생각했다. 때로는 가장 아끼고 사랑하는 사람들 사이에도 크고 작은 충돌이 있지만 이런 문제들을 가지고 겸허한 마음으로 주님께 나아갈 때, 평화의 왕 주님께서 우리의 마음을 다스려 주시며 화평이 있게 하신다는 것을…. 또한 사랑은 미움보다 강하며 그러기에 사랑으로 미움을 이길 수 있다는 것을.

하나님의 사랑은 이해를 초월한 사랑이다. 말씀이 생각난다.
"아비가 자식을 불쌍히 여김 같이 여호와께서 자기를 경외하는 자를 불쌍히 여기시나니 이는 저가 우리의 체질을 아시며 우리가 진토 임을 기억하심이라"(시편 103장 13,14절)
나의 모습을 보면 정말 하나님의 사랑을 받을 자격이 없지만 하나님께서는 이미 내가 진토에서 온 것을 아시며, 나를 불쌍히 여기신다는 이 말씀이 위로가 된다. 그러므로 나는 하나님의 긍휼하심을 받고, 때를 따라 돕는 은혜를 얻기 위해 은혜의 보좌 앞에 담대히 나아갈 수 있는 것이다.
내가 할 수 있는 것은 이 사랑 힘입어 하나님 앞에 나아가는 것밖에 없다. 사랑은 두려움을 쫓는다. 두려운 마음이 아니라 담대한 마음으로 은혜의 보좌 앞에 나오라고 권면하시는 하나님의 사랑의 품에 안기울 때 나의 영혼은 비로서 안식할 수 있게 된다.
또한 사랑은 모든 허물을 덮는다.
사랑하기 때문에 자녀가 실망을 줄 때도 용서해 주고 품어주고, 그가 잘 되기 바라는 것이다. 우리 연약한 인간도 그런데, 하물며 하나님의 사랑은 얼마나 더 크고 무한할까!
자녀가 아무리 잘못을 저질렀어도, "엄마, 잘못했어요. 용서해 주세요”하면 그 자리에서 마음이 녹아 버린다. 나는 그럴 때 마다 하나님의 사랑과 용서를 실감한다. 게다가 하나님의 용서와 구원을 받고 하나님의 자녀가 된 것도 감사한데 하나님께서 나를 사랑해 주시고 하나님의 일에 동참하게 하시니 얼마나 큰 은혜인가!

성경에 하나님께서 사용하신 사람들을 보면, 다윗처럼 큰 죄를 지은 사람도 회개했을 때 하나님의 ‘마음에 합한 자’로 쓰셨고, 야곱처럼 약점이 많은 자도 하나님께서 ‘야곱의 하나님’이라고 하실 정도로 그를 인정해 주셨다. 그리고 베드로처럼 성격도 급하고 예수님을 세 번이나 부인한 사람도 ‘교회의 반석’으로 사용하신 것을 기억하며, 정말 나처럼 허물 많은 사람도 큰 용기를 얻게 된다.

자녀를 낳고 키워 본 사람은 이해가 갈 것이다.

자녀가 잘 났거나 못 났거나 그가 기뻐하면 나도 기쁘고 그가 슬퍼하면 나도 슬프고, 그가 아프면 내가 더 아프고…. 그게 바로 자녀를 사랑하는 부모의 마음이 아닐까?

하나님께서도 내가 비록 하나님의 사랑 받을 자격이 없을지라도 항상 변함없이 나를 사랑하시며, 나로 인해 기쁨을 이기지 못하신다고 하셨다.

또한 이사야서 6장 5절에는 “신랑이 신부를 기뻐함 같이 네 하나님이 너를 기뻐하신다”는 말씀이 있다.

솔직히 나는 처음에 이 말씀 읽었을 때 실감이 나지 않았다. 정말 하나님이 나같은 사람을 이처럼 기뻐하시고 사랑하실까?

그런데 지난 30여 년간 하나님의 사랑을 경험해 보니 그 말씀은 정말 틀림이 없다는 것을 깨닫게 되었다. 이 세상 그 누구도 나를 하나님처럼 조건없이, 내 모습 그대로 사랑해 준 사람이 없다. 그러기에 이제 나도 어떻게 하나님을 사랑할 수 있는지 가르쳐 주시라고 자원하는 심령으로 기도하게 된다.

인간은 자신의 잣대로 남을 생각하는 경향이 있기 때문에 사실 하나님의 극진한 사랑을 다 이해하기 어렵다. 어린아이가 부모의 사랑을 다 이해할 수 없듯이, 사람이 자기가 알고 경험한 것 이상을 이해하기 어려운 것이다. 우리 인간의 사랑이 한계가 있고 조건적이기 때문에, 무한하고 무조건적인 하나님의 사랑을 쉽게 이해할 수 없는 것이다. 이런 우리의 약점을 아시고 하나님의 완전한 사랑을 우리에게 확증시켜 주시려고 예수님이 이 땅에 오셔서 하나님의 사랑을 몸소 실천해 주셨고, 삶과 죽음으로 그 완전한 사랑을 확증시켜 주신 것이다.

죄인들의 친구가 되시고 결국 그들을 위해 자신의 생명까지 내어주신 십자가의 사랑으로 사랑의 절정을 보여주신 주님의 사랑은 이렇게 표현되었다.

"우리가 아직 죄인 되었을 때에 그리스도께서 우리를 위하여 죽으심으로 하나님께서 자기의 사랑을 확증하셨느니라."(로마서 5:8)

사랑하기 때문에

　지난주에 어머니를 천국에 보내드리고 나는 쓸쓸한 마음으로 전에 어머니와 함께 있던 곳엘 갔다. 어머니가 앉아계시던 곳에 앉으니 어머니를 더 사랑해 드리지 못하고, 더 많은 시간 내드리지 못한 안타까움과 후회 속에서 정말, 말 그대로 애간장이 녹는 것처럼 쓰려왔다.

　"하나님, 절 용서해 주세요. 엄마, 절 용서해 주세요."

　계속 마음 아파하며 눈물 흘리는 나에게 갑자기 친숙하고 다정한 어머니의 음성이 다가왔다.

　"아가 (우리 어머니는 자식을 둘이나 가진 이 막내딸을 늘 '아가'라고 부르셨다), 이제 그만 마음 아파해라. 네가 그렇게 마음 아파하니까 내 맘도 아프구나. 내가 널 얼마나 사랑하는데…. 널 사랑하기 때문에 네가 어떤 잘못을 해도 난 벌써 다 용서했단다. 널 이 엄마가 얼마나 사랑하는지 알잖아. 사랑하면 용서가 되는 거란다. 그런데 자꾸만 네가 마음 아파하면 이 어미 마음을 오히려 아프게 하는 거야. 그러니 이제 뒤에 것은 잊어버리고 제발 기쁘게 살아라. 네가 기뻐야 나도 기쁘단다. 그리고 이제 일어나서 하나님께서 너에게 맡기신 사명에 충성해라. 그래야 이 어미 마음도 기쁘지…. "

　어머니 음성을 들으니 갑자기 정신이 번쩍 들었고, 잠에서 깨어난 듯 어머니가 하신 말씀을 되새기면서 나 자신에게 이렇게 타일렀다.

　'정말 그래. 엄마가 날 사랑하기 때문에 나의 모든 허물도 용서하시고 여전히 사랑하시는 거야. 그리고 날 사랑하시기 때문에 내가 기뻐하길 원하시는 거야. 주님께서도 우리를 사랑하시기에 항상 기뻐하라고 말씀하셨을 거야…. 내가 기뻐하지 못하고 늘 애통하는 마음으로 슬픔에 잠겨있으면 엄마도 슬퍼하시고 주님께서도 기뻐하시지 않을거야. 이게 바로 주님의 마음이고 우리 엄마의 마음인가봐…. 이 세상에서 모성애만큼 깊은 사랑은 없겠지. 그런데 세상의 어머니들이 그렇게도 사랑하던 자녀들과 영원히 함께 하지 못하고 떠나는데 주님은 지금 나와 함께 계시잖아. 주님의 영원하신 사랑의 품에 안기어 마음껏 사랑 받고 응석도 부리며 남은 삶을 살아가자….'

그렇게 생각하니 가슴 저 밑바닥에서 새로운 힘이 솟아나는듯 했다. 나는 그 힘을 의지해서 마음을 가다듬고 방송을 하러 갔다. 하나님의 사랑 받는 자녀답게 나도 어머니처럼 하나님께서 맡기신 사명에 충성을 다하기 위한 새로운 각오와 함께…. 그날 온종일 나의 마음속에는 어머니에 대한 사랑의 추억으로 가득했고, 어머니의 사랑과 용서를 더듬어 보며 하나님의 사랑의 깊이와 용서에 대해 더욱 실감하게 되었다.

"그리스도의 사랑이 우리를 강권하시는도다. 우리가 생각건대 한 사람이 모든 사람을 대신하여 죽었은즉 모든 사람이 죽은 것이라. 저가 모든 사람을 대신하여 죽으심은 산 자들로 하여금 다시는 너희 자신을 위하여 살지 않고 오직 저희를 대신하여 죽었다가 다시 사신 자를 위하여 살게 하려 함이니라."(고린도 후서 5:14-15)

아버지와 나의 관계

　얼마 전에 가족들과 함께 식사를 하러 식당에 갔는데 어린 소년이 피아노를 치고 있는 모습이 눈에 띄었다. 그날은 피아니스트가 어른이 아니고 열살 남짓되는 남자아이였는데 능숙한 솜씨는 아니었지만 악보를 들여다 보며 열심히, 정성껏 피아노를 치고 있었다. 나는 그처럼 정성껏 피아노를 치고 있는 모습이 너무 귀여워서 아이가 피아노 연주를 마칠 때 까지 뒤에 서서 기다렸다가 다가가서 격려해 주었다.

　"너 피아노 참 잘치는구나. 이렇게 아름다운 연주를 해주어서 고맙다. 덕분에 오늘은 아주 기분 좋은 식사를 할 수 있을 것 같애. 고마워."

　그 말을 마치고 돌아서는데 건너편 의자에 그 아이의 아버지인듯한 신사가 앉아 있다가 내게 말없는 웃음으로 응답하는 모습이 보였다.

　한참 후에 식사를 마치고 나오는데 그 아이의 아버지가 아직도 그 자리에 앉아서 피아노를 치는 아들을 지켜보고 있다가 우리에게 눈인사를 보냈다. 어린 아들의 서툰 연주가 진행되는 동안 그 아버지는 격려와 지원의 표시로 그 아이의 뒤에 앉아 그렇게 오랜 시간을 지켜보고 있는 모습에 왠지 가슴이 찡했다.

　하나님 아버지께서도 내가 서툰 솜씨로 이 세상을 살아가는 동안 나에게 눈길을 떼지 않으시고 끝까지 저렇게 지켜 보아 주시고 격려해 주시고 지원해 주고 계실거라는 생각이 들었기 때문이었다.

나도 아들이 둘이 있는 엄마이기에 부모의 마음을 잘 안다.

어느 날 두 아들이 다니는 학교에서 시상식이 있다는 통보를 받고 학교에 갔다. 큰아들은 모든 상을 휩쓸다시피 하는데 작은 아들은 한 개의 상도 받지 못한채 뒤에 서있기만 하는 모습을 보는 나의 마음은 작은 아들에게로 달려갔다. 상을 받지 못한 것 때문에 혹시라도 작은 아들의 마음에 상처가 되지 않을까 염려가 되어서였다.

시상식 내내 그 아들을 지켜보며 나의 마음 속에 이런 기도가 흘러 나왔다.

"하나님, 제발 작은 아들이 자기는 상 못받았다고 기죽거나 상처 받지 않게 그의 마음을 지켜 주세요. 그 아들에게 용기를 북돋워 주세요."

시상식이 끝나고 큰아들은 친구들과 함께 나가고 혼자 남아있는 작은 아들을 꼭 껴안아 주면서 나는 이렇게 말했다.

"사람은 자기가 즐겨하는 걸 잘하게 되는 거야. 형은 공부를 좋아하니까 공부를 잘하고, 너는 운동을 좋아하니까 운동을 잘하잖아. 네가 상을 받든지 안받든지 너를 향한 엄마의 사랑은 언제나 똑같아. 알지?"

이렇게 말 하면서 친구들과 맛있는 것 사먹으라고 용돈을 손에 쥐어 주었다. 그렇게라도 그 아들을 지원해 주고픈 나의 마음을 표현하고 싶었던 것이다.

참 이상한 것이, 연약한 자녀에게 더 마음이 쏠리고 도와주고 싶은게 부모의 마음인 것 같다. 그래서 하나님 아버지께서도 내가 연약해서 하나님을 의지할 수 밖에 없고, 또 그렇게 하나님을 의지하니까 나에게 책임감과 연민을 느끼시며 날 사랑하고 돌보아 주시는 게 아닐까 생각해 보았다.

"허물의 사함을 받고 그 죄의 가리움을 받은 자는 복이 있도다. 마음에 간사가 없고 여호와께 정죄를 당치 않은 자는 복이 있도다"(시편 32:1-2)

아름다운 세상

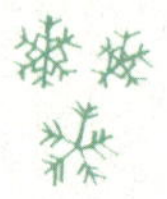

아침에 눈을 떠 보니 하얀 눈이 소리 없이 대지를 덮고 있다.

그 광경이 너무나도 아름다워 눈을 뗄 수가 없었다. 한참을 창가에 서서 온 세상을 포근하게 감싸고 있는 눈 덮인 대지를 바라보고 있는 나의 마음 속에 찬송이 절로 나왔다. 저 눈 덮인 속에는 온갖 지저분한 것들이 있으련마는 하얀 눈이 대지를 덮으니 온 세상이 저렇게 깨끗해 졌다. 하나님의 은혜는 이처럼 나의 모든 죄와 허물을 덮으시고 흰 눈처럼 희게 해 주신다는 영감속에서 보혈의 찬송을 불렀다.

이 세상 험하고 나 비록 약하나
늘 기도 힘쓰면 큰 권능 얻겠네
주의 은혜로 대속하여서
피와 같이 붉은 죄

눈 같이 희겠네

창가에 앉아 눈 내리는 창 밖을 바라보며 큐티를 마치고 공원에 산책하러 나갔다.

눈 덮인 공원이 너무 아름다워서 나 혼자 이렇게 행복해도 되는지 가족들에게 미안한 마음이 들었다. 남편은 지금 미국에서 박사 논문을 부여잡고 밤낮 씨름하고 있고, 두 아들도 미국에서 힘들게 공부 하고 있는데 '나 혼자 이렇게 아름다운 광경을 여유롭게 즐겨도 되는 건가?' 하는 생각까지 들었다.

할 수 없이 나는 한 가지 아이디어를 떠올렸다. 그동안 휴대폰으로 사진을 찍는 것에 대해 아무 관심도 없이 살아왔지만, 사랑하는 가족들과 이 아름다운 광경을 함께 나누고 싶은 마음에 부끄러움을 무릅쓰고 지나가는 소녀를 붙잡고 휴대폰 사진을 찍는 법을 물어 알게 되었다.

그때부터 나는 이곳 저곳을 누비고 다니면서 신나게 사진을 찍기 시작했다. 눈 덮인 소나무와 연못, 정겨운 의자, 오솔길과 가로수 등을 한컷 한컷 정성껏 카메라에 담았다.

사진으로라도 이 아름다움을 가족들과 나눌수 있어서 행복했다. 이곳 저곳 아름다운 경치를 음미하면서 나는 하나님께 감사를 드렸다. 이렇게 아름다운 것들을 볼 수 있게 하시고 느낄 수 있게 하시고, 건강 주심으로 걸을 수 있음을….

그렇게 사진을 찍는중에 주위에 사진을 찍고 있는 다른 사람들을 보며 이런 생각이 들었다. 저들도 이 아름다운 것들을 간직하고 싶어 사진을 찍는데, 과연 이 모든 것을 만드시고 우리에게 주신 창조자를 기억하며 감사하고 있을까? 그런 생각이 들자 "이것 좀 보세요. 정말 아름답죠? 이거 다 우리 아버지가 만드신 거예요!"라고 그들에게 말해주고 싶었다.

한참 사진을 찍고 나서 집으로 돌아오는데 노 부부가 팔짱을 끼고 천천히 걷고 있었다.

목적지를 향해 숨가쁘게 걸어가는 발걸음이 아니라, 여유롭고 평화로운 산책을 즐기고 계신 것이었다. 그 때 문득 할아버지가 하시는 말씀이 내 귀에까지 들렸다.

"그 녀석, 어찌나 순한지 그저 혼자 놀다가 졸리면 자고, 하는 짓이 얼마나 이쁜지 몰라. 그런데 그 어린 것이 먹는 것만 주면 환장을 해요. 허허… 먹는것 줄때 그렇게 좋아서 환장을 하면서도 뽀뽀하자면 절대 안 해. 아무리 어린것이지만 섭섭하더라구… 먹을 것만 받아 먹고 뽀뽀는 안해주니… 어떻게 하면 그 녀석한테 뽀뽀를 받을까? 허허…."

그 말에 할머니도 따라 웃으셨다. 보지도 못한 그 어린 손자가 눈에 그려져 나도 덩달아 미소 지었다.

흰 눈 덮인 길을 걷는 우리 세 사람의 웃음 소리에 뽀드득 뽀드득 눈 밟는 소리가 장단을 맞췄다.

그 할아버지의 말씀을 들은 나의 마음속에 이런 생각이 떠올랐다.

'하나님께서도 저 할아버지처럼 우리가 이런 아름다운 것들을 보고 즐기면서 하나님께 감사하는 마음도 없고 우리의 마음과 사랑을 하나님께 드리지 않으면 서운하지 않으실까? 사람들은 아름다운 경치를 보면 그 앞에서 웃으며 사진 찍고 좋아들 하면서도 왜 이 아름다운 것들을 주신 창조주 하나님께 감사치 않고, 삶의 소중한 것들을 하나님께 드리지 않는 것일까?

"땅과 거기 충만한 것과 세계와 그 중에 거하는 자가 다 여호와의 것이로다 여호와께서 그 터를 바다 위에 세우심이여 강들 위에 건설하셨도다" (시 24:1-2)

비전 나누기

위대한 일을 이루기 위해서 느헤미야가 같은 뜻을 품을 자들을 모아 비전을 나누었던 것처럼, 때로는 위대한 일이 아니더라도 우리의 삶속에서 일어나는 소소한 일상에서 주위 사람들에게 비전을 심어 줄 수도 있다.

어느날 주일 예배를 마치고 성도님들과 함께 점심 식사를 했다. 점심을 먹으며 그중에 한 여집사님이 자신이 그린 그림을 스마트폰으로 우리에게 보여주었다. 전에도 전시회에 가서 그녀의 작품을 보았고, 그 집에 몇번 초대 받아 갔을때도 그녀의 그림을 볼 수 있었는데, 내가 유화를 좋아해서인지 오늘 본 그림들은 전에 본 그림들보다 더욱 더 나의 마음에 다가왔다. 마치 모네의 그림을 보는듯 착각할 정도였다.

"어머 그림이 너무 감동적이에요. 모네의 그림을 보는듯 해요. 주제도 너무 좋구요, 그림의 느낌이 사람의 마음을 움직이네요."

그 말에 그녀는 이렇게 대답했다.

"저는요, 처음엔 그림을 취미로 시작했는데 지금은 그림을 그리는게 너무나도 행복하고 좋아서 시간만 나면 그림을 그려요. 제가 그림 덕을 많이 보고 있지요. 그런데 집에서 그림을 그리니까 자꾸만 집안이 지저분해지고 바닥에 페인트를 흘리고 해서 그게 문제예요…."

그 말을 들은 나는 그녀에게 말했다.

"내가 보니 그림들이 정말 감동적인데요, 형편이 허락한다면 자신의 화실을 오픈해서 그곳에서 그림을 그리고 싶을 때 마다 마음껏 그림도 그리고, 또 그림을 배우기 원하는 다른 사람들에게 레슨도 해주면서 자신도 즐기고 다른 사람들에게도 유익함을 주면 얼마나 좋겠어요? 앞으로 몇 년후에 하와이로 이사를 가신다면서요? 여기서 그런 경험을 쌓아가지고 가면 그곳에 가서도 화실을 열고 그림을 그리며, 다른 사람들에게 레슨도 해주고, 그러면 외롭지도 않을거 아네요. 집사님 남편은 하와이가 고향이고 가족들과 친구들도 많아서 괜찮으신데 집사님은 거기 가면 좀 외로우실까봐 걱정하셨잖아요…. 그리고 하와이엔 그림 그리기 좋은 경치와 소재도 얼마나 많아요? 그렇지 않아요?"

괜히 내가 신이나서 이렇게 열정적으로 이야기 하는데 그녀의 남편이 옆에서 머리를 끄덕이며 맞장구를 쳤다.

"아, 맞아요. 그거 정말 좋은 아이디어예요. 우리가 하와이로 이사가서 아내가 할일이 없으면 너무 외로울 거에요. 지금도 휴가때 하와이 가면 나는 가족들과 친구가 있어서 좋은데 아내는 지루해 하거든요. 거기 가서 자기가 좋아하는 그림을 그리며 다른 사람들에게 그림을 가르치는 일을 하면 아내도 외롭지 않고 정말 좋을 것 같아요."

남편의 반응에 이어 그녀는 이렇게 대답했다.

"근데요, 화실을 오픈하고 레슨을 한다는게 엄두가 안나서요…."

나는 그녀에게 내가 어떻게 상담실을 오픈하게되었는지 그 과정을 이야기 해주며 이렇게 말했다.

"저도 상담실 오픈할 때 집사님 마음 같았어요. 그런데 기도하면서 하나님의 인도하심에 순종하다보니 여기까지 와 있더라구요. 제 맘 같았으면 상담실 오픈할 생각도 안했을거에요. 처음엔 저도 내담자들이 상담을 하러 오기 원하는데 장소가 없어서 커피숍 같은데서 만나 상담을 했었지요.

그런데 하나님께서 주위 사람들을 통해서 필요한 것들을 하나 하나 준비해 주시고, 또 아는 형제님이 상담 웹사이트를 제작해 주시더라구요. 그래서 저는 기도만 하고 순종하는 마음으로 따라만 왔는데, 지금은 이렇게 상담실을 오픈하고 감사한 마음으로 상담을 하고 있잖아요. 상담실 홍보를 안해도 상담을 필요로 하시는 분들이 웹사이트나 다른 사람들을 통해 저의 상담실을 찾아오시거든요. 집사님도 그렇게 하실 수 있어요. 그동안 준비해 오셨잖아요.”

이렇게 말하며 그녀를 격려했다.

점심식사를 마치고 나오면서 그녀가 진지한 표정으로 물었다.

“사모님, 근데요. 화실을 어떻게 오픈하면 될까요?”

그 사이에 마음이 많이 열린 그녀를 바라보며 내가 아는데로 대답했다.

“첫째는 기도구요, 그리고 장소와 웹사이트가 필요할거 같아요. 장소는… 아직 잘 모르지만요, 보통 1층 2층은 비싸니까 3층 정도에 상가를 하나 렌트 하든지, 여유있으시면 집 가까운 곳에 작은 상가 하나를 분양받으시면 렌트비 부담도 없을거구요. 혹은 학교 근처에 미술학원 같은걸 오픈해도 괜찮지 않을까요? 그럼, 저 같은 사람도 가서 레슨을 받을수도 있구요. 저도 늘 그림을 배우고 싶었거든요. 하하….”

그 집사님네는 자녀도 없고 남편이 급여를 많이 받는 외국인 회사에 다니기 때문에 경제적으로 여유가 있는 가정이기에 가능할 것 같다는 생각이 들어 나는 그런 제안을 해보았다. 귀를 쫑긋 세우고 무언가 더 듣고 싶은 표정으로 날 바라보고 서있는 내외에게 나는 말했다.

“이렇게 하면 어떨까요? 먼저 인터넷으로 장소를 몇군데 찾아보고 난후, 마음에 드는 곳 있으면 직접 가보시면 좋겠죠? 원하시면 제가 같이 갈수도 있구요, 그리고 집사님 화실 웹사이트를 제작하고 싶으시면 좋은 웹사이트 디자이너도 제가 소개시켜 드릴수 있어요. 두분 기도해 보시고, 혹시 제가 도움되어드릴 수 있는 일이 있으면 전화주세요.”

그녀의 남편이 신이나서 내 말을 받았다.

“어, 정말 좋을 것 같아요. 저도 기도하며 전적으로 지원할게요. 이 사람이 그렇게 되면 정말 좋을 것 같아요.”

그녀는 헤어지면서 내게 말했다.

“오늘 상담 너무 너무 감사했어요. 제가 전화드릴게요….”

그 다음 주일에 교회에서 그녀를 만났을 때 나는 물었다.

“화실 오픈 할 곳 알아 보셨어요? 제가 함께 하진 못했지만 생각 날때마다 기도하고 있었어요.”

“네, 바로 그 다음날부터 인터넷에서도 알아보고, 또 사촌동생이 피아노 학원 하는 곳에도 가보았어요. 우리집 근처에도 마음에 드는 게 있고…. 집에서 좀 떨어진 곳에도 깨끗하고 마음에 드는 곳이 있는데 너무 많아서 선택할 수가 없더라구요. 이럴땐 어떻게 하면 좋을까요?”

“제 경우에는요, 우선순위에 따라서 구체적인 기도 제목을 적어놓고 기도해요. 예를 들어서 내게 가장 중요한게 위치라면 그게 우선 순위가 되는 거죠. 가격이 중요한 요소라면 그게 우선 순위가 될 거구요…. 물론 이런 우선 순위가 도덕적인 범위안에 있어야 겠죠. 그렇게 구체적인 기도 제목을 정해놓고 기도하는데 그 중에 하나라도 노란불이나 빨간불이 들어오면 좀더 기도하면서 기다리구요, 그 구체적인 기도 제목 모두에 파란불이 들어오면 확신을 가지고 실행에 옮기죠. 성경 말씀에 구체적인 지시가 없을 때는 하나님께서 우리에게 줄로 재어주신 구역 안에서 선택할 수 있는 자유의지를 주셨거든요….”

그녀는 고개를 끄덕이며 말했다.

“아, 그렇군요… 제가 더 기도해 볼게요.”

“제가 책 쓰는 일 마치면 함께 가볼게요. 그때까지 기도하면서 찾아보다가 마음에 드는거 있으면 제게도 보여 주세요.”

우리는 그렇게 이야기 하고 헤어졌다.

사람은 누군가 자신의 은사를 인정해 주고 격려해 주면 기쁨과 보람을 느끼며 더 잘해 보고 싶고, 그 마음속에 비전이 싹트는 것이다. 내가 그 친구를 대신해서 그림을 그릴수는 없지만 그 친구의 가슴속에 비전의 불씨를 던져 줌으로 그 친구의 가슴속에는 새로운 꿈과 소망의 불씨가 싹트고 있음을 알 수 있었다. 비전은 이처럼 전염성이 빠른 것이다.

어느날 나는 우리 아파트 지하에 있는 피트니스 센터에서 운동을 마치고 샤워실에 들어갔다. 샤워실에 들어서자 작은 여자아이가 나에게 눈을 맞추며 인사를 했다. 그 아이의 엄마와 나는 가끔 신앙적인 대화와 자녀 양육에 대해 이야기 했었다.

그 아이는 얼굴도 요정같이 귀엽게 생긴데다가 몸매가 어찌나 유연하고 사랑스러운지, 발레나 아이스 스케이팅을 하면 참 잘어울리겠다는 생각을 해왔던 터다. 가끔 그 아이를 보면서 나혼자 속으로 김연아가 어렸을 때 저렇게 생겼을 것 같다는 상상을 하기도 했었다. 그래서 나는 그 여자아이에게 말을 붙였다.

"안녕, 잘 있었어? 너 몇살이지?

"여섯 살요"

"아, 그래? 참 예쁘게 생겼구나. 너 혹시 김연아가 누군지 아니?"

아이는 곧바로 대답했다.

"네, 피겨 여왕…."

"김연아가 아이스 스케이팅 하는 것 봤어?"

"네"

"근데 말야, 혹시 너도 아이스 스케이팅 하고 싶지 않니?"

그 말에 아이는 눈을 반짝이며 대답했다.

"네, 저도 아이스 스케이팅 하고 싶어요."

"그래? 너, 아이스 스케이팅 하면 참 잘 어울릴것 같아. 몸매도 유연하고 얼굴도 이렇게 귀엽게 생겼구…."

아이와 이야기를 주고 받는데 아이의 엄마가 무슨 이야길 하는지 궁금한 표정으로 저쪽에서 우리에게 다가왔다.

난 아이의 엄마에게 웃으면서 이야기 했다.

"어쩌면 이렇게 귀엽게 생겼어요? 몸매도 너무 너무 유연해 보이구요. 발레나 아이스 스케이팅을 하면 참 잘 어울릴 것 같아서 하고 싶으냐고 물었더니 하고 싶다고 하네요…."

아이의 엄마는 나에게 되물었다.

"한번 시켜볼까요? 그런데 어디로 가면 되지요?"

"아이스 링크에 데리고 가서서 하고 싶은데로 시켜 보세요. 그리고 자기가 하고 싶다면 할수 있는 기회를 만들어 주시면 좋을 것 같아요."

그런 이야기를 나눈지 한참 후에 또 그 아이와 엄마를 만나게 되었다. 나를 보자 엄마가 웃으며 내게 다가와 이야기하기 시작했다.

"우리 딸요, 지난번 말씀 나눈후, 목동 아이스 링크에 데리고 갔거든요? 그런데 어찌나 아이스 스케이팅을 좋아하는지, 결국 레슨을 시작했어요. '저러다 말지…' 반신반의 하며 지켜봐 왔는데 갈때 마다 조금도 꽤부리지 않고 얼마나 열심히 연습을 하는지 몰라요. 자기가 진정으로 즐기면서 해요. 선생님도 쟤가 소질이 있다고 하시네요. 훗훗…."

"어머 너무 잘됐네요. 무엇보다 아이가 좋아하니 다행이네요"

나는 옆에서 우리의 대화를 듣고 있는 아이에게 물었다.

"너, 스케이팅 재밌니?"

"네, 재미있어요."

"앞으로도 계속 하고 싶어?"

"네."

그 이후, 그 아이는 나만 보면 미소 띤 얼굴로 다가와서 인사를 한다. 자신을 인정해 주고 칭찬해 주는 것이 격려가 되는가 보다.

얼마전 나는 미국에 사는 친구로부터 자작시 한편을 받았다.

그 시를 보내준 친구에게 시를 보내주어서 고맙다는 인사와 함께 앞으로 하나님께서 주신 그 은사를 하나님의 영광을 위해서 쓰임받기를 바란다는 글을 써서 보냈다.

얼마 전엔 영문시를 써서 보냈는데 그 시의 내용은 하나님의 하나님 되심을 찬양하는 시였다. 그 친구가 쓴 시를 보면서 나의 마음속에 큰 기쁨과 감동을 느꼈다. 그 친구는 정말 자기에게 글 쓰는 은사가 있다고 생각하느냐고 물으며 자기에게 많은 축복 주신 하나님께 감사해서 보답하는 마음으로 하나님의 영광을 위해 자신의 은사를 드리고 싶은데 그렇게 살 수 있도록 함께 기도해 달라고 부탁했다. 그 후 그 친구는 더 좋은 시를 자주 써서 보냈는데 그녀의 은사가 날이 갈수록 향상되는 것을 느꼈다.

내가 아는 어떤 젊은이는 실력도 있고 똑똑한 젊은이인데 왠지 교회에서 자신이 만족하며 할 수 있는 일을 찾지 못하고 겉돌며 방황했다.

나는 그의 고민을 듣다가 "형제님이 가장 하고 싶은 일이 무엇이며, 가장 잘 할 수 있는 일이 무엇이냐?"고 물었다. 그는 잠시 생각하다가 "모르겠다"고 대답했다. 자신이 가장 하고 싶은 마음은 열정이고, 가장 잘 할 수 있는 일은 은사라고 생각한다.

열정과 은사가 합하여질 때 그 사람의 진가가 가장 효과적으로 발휘될 수 있다. 열정과 은사, 그 위에 비전이 있다면 우리의 마음속에 상상치 못할 놀라운 원동력이 창출된다.

비전을 갖고 또 그 비전을 나누는 것은 참으로 중요한 일이며, 비전은 한 사람의 삶에 전환점이 될 수 있다. 정말 짧고 빠르게 흘러가는 인생에서 태양처럼 타오르는 비전을 가지고 하나님께서 각자에게 창조하신 독특성과 창의력, 은사를 효과적으로 사용하여 우리가 속해 있는 교회와 사회 속에서 삶을 꽃 피울 수 있는 우리의 삶이 되기 바란다.

사실 은사와 열정과 비전은 분리 할 수 없다.

왜냐하면 은사를 발견하려면 자신의 열정을 이해하는 것이 중요하고 은사와 열정은 있으나 비전이 없으면 이 은사와 열정을 받쳐주고 가이드 해 줄 수 있는 가이드 라인이 없기 때문이다. 그렇게 되면 우리의 열정과 은사가 향방없이 달려갈 수 있다. 열정을 다른 말로 하면 소원이라고도 할 수 있을 것이다.

하나님께서 그 분의 기뻐하시는 뜻에 따라 우리의 마음에 소원을 주시고 어떤 특정한 일을 할 수 있는 능력도 주시는 것이다. 기도하면서 나의 열정이 어디에 있는지 생각해 보자. 어떤 분야에 대해 열정이 있을 때 의욕을 가지고 더욱 헌신할 수 있는 것이다.

나의 전 생애에 꼭 이루고 싶은 일이 무엇인지, 내가 했던 일 중에 가장 신나고 성취감 느꼈던 일이 무엇인지 깊이 생각해 보는 것이다. 그리고 자신의 열정을 파악하고 은사를 발견하여 하나님 주신 비전을 따라 확신을 가지고 나아가는 삶에 진정한 성취감과 만족감이 있는 것이다.

성경속의 인물들 중에 비전을 가지고 하나님의 일을 성취하려 할 때 방해요소가 없었던 적이 없다.

그 한 예로, 느헤미야가 성벽을 재건하는 비전을 품고 예루살렘에 돌아갔을 때 주위에서 느헤미야를 비웃고 성벽을 재건하는 일을 반대하고 나섰다. 그러나 느헤미야는 그들의 방해에 개의치 않고 하나님께서 형통케 하시리라는 믿음을 가지고 당당히 비전을 향해 나아갔다.

그는 비전만 가지고 무작정 나아가지 않고 같은 마음을 품은 자들과 하나님께서 주신 비전을 나누고 하나님의 신실하심을 증언하며, 이 선한 일을 함께 하자고 격려하며 그들의 가슴 속에도 불멸의 꿈을 심어 주었다.

큰 기업이나 작은 회사도 지도자가 비전을 제시해 주지 않으면 현상유지만 할 뿐이지 앞으로 전진 하는 힘을 점점 잃게 된다.

지금 내가 하고 있는 일이 하나님께서 주신 일이라는 확신이 있으면 하나님께서 결코 실패하거나 실수하지 않는 분임을 믿으면서 끝까지 견디어 내야 한다. 그리고 주위에 같은 목적을 향해 가는 동료들과 계속 비전을 나누며 용기를 북돋워 주어야 한다. 그렇게 하다 보면 어느새 느헤미야처럼 확신에 찬 고백을 할 때가 올 것이다.

"성 역사가 오십이일 만에 끝나매 우리 모든 대적과 사면 이방 사람들이 이를 듣고 다 두려워하며 스스로 낙담하였으니 이는 이 역사를 우리 하나님이 이루신 것을 앎이니라."(느헤미야 6:15)

우리도 어떤 일을 성취하려 할 때 대적을 두려워하지 말고, 같은 뜻을 품고 같은 목적을 향해 일 할 수 있는 동료들을 찾아 그들과 함께 비전을 나누며 함께 일할 때 주님께 감사의 고백을 하게 될 것이다.

그동안 나의 삶도 모든 것이 순조롭지만은 않았다.

하지만 끝까지 비전을 붙잡고 어떤 경우에도 포기하지 않았을때 기다림과 시련을 견디어 가는 과정에서 열매가 성숙하여, 때가 이르니 결실을 맺는 것을 경험해 왔다. 앞으로도 비록 나의 미래를 알 수는 없지만 이제껏 나를 인도해 오신 신실하신 주님을 신뢰하며 나의 비전이 이루어질 것을 기대한다.

"나의 영혼아 잠잠히 하나님만 바라라 대저 나의 소망이 저로 좇아 나는도다"(시편 62:5)

함께 하시는 하나님

진정한 친구

힘든 세상을 살면서 같은 목적을 가지고 그 목적을 향해 함께 걸어갈 수 있는 진정한 친구가 있다는 것은 축복이다.

다른 사람이 뭐라해도 늘 내편에 서서 용기와 격려로 감싸주는 사람이 진정한 친구이며, 그런 친구를 가진 사람은 정말 행복한 사람이다.

나에게 그런 친구가 있었다.

그런데 우리는 어떤 일로 인해 대화의 문이 닫히고 말았다. 그런 일이 있은 후에 나는 그 일에 대해 생각하며 많은 기도를 하게 되었다. 새벽에 잠에서 깨어 의식이 들 때도 그 생각, 무슨 일을 하다가도 문득문득 그 생각이 가시처럼 내 마음을 찌르며 아프게 했다.

그 상태로 더 이상 견디기 힘들어진 어느 날 아침, 나는 창가에 앉아 주님께서 내게 어떻게 해야 할 지 가르쳐 주시라고 기도했다. 그런데 그날의 큐티 시간에 이런 말씀이 날 울렸다.

"당신은 어떤 보석을 가지고 계십니까?"

이 질문과 함께 우리 주변에 우리의 따스한 손길이 닿을 때 보석이 되는 사람이 있지만 우리는 따스한 손길을 기다리는 소중한 사람들에게 차거운 마음으로 지내고 있지는 않은지 생각해 보고, 오늘 그 사람을 빛나는 보석으로 만들어 주기 위해 따뜻한 마음으로 그를 어루만져 주라는 글을 읽었을 때 그 친구 생각이 났다. 그래서 나는 하나님의 말씀을 더욱 깊이 내 마음에 새기고 싶어 그날의 성경말씀을 다시 천천히 읽었다.

"누가 뉘게 혐의가 있거든 서로 용납하여 피차 용서하되 주께서 너희를 용서하신 것과 같이 너희도 그리하고 이 모든 것 위에 사랑을 더하라. 이는 온전하게 메는 띠니라."(골로새서 3:13-14)

그 말씀을 통해 주님께서 내게 무엇을 원하시는지 깨달았다. 그리고 나는 주님의 말씀에 순종하기 위해 즉시 그 친구에게 전화를 걸었다. 그 친구는 전화를 받지 않았지만 음성 메세지를 남겨 놓았다.

"Happy New Year! 내가 이번 주 중에 식사대접을 하고 싶은데 예약을 해야 하니까 언제가 좋은지 나에게 꼭 전화를 해 주길 바랄게."

그 친구가 나의 이런 마음을 받아줄지 안받아줄지 모르지만 일단 주님께서 내 마음을 알아주신다는 생각에 마음에 위로가 되었다.

드디어 오랜시간의 기도와 노력, 기다림끝에 그 친구의 마음도 열려서 우리는 다시 이전과 같이 깊은 우정을 나누게 되었다. 그 친구와의 우정을 거의 포기했던 나의 마음에 주님께서 말씀해 주심으로 막힌 담이 허물어 지고 우리는 서로에게 다시 소중한 친구가 됐다.

주님은 우리를 위해 목숨을 바친 그 사랑으로 우리에게 영원한 친구가 되어 주셨을 뿐 아니라 이처럼 친구와 친구 사이를 이어 주시기도 하며 우리 삶 가운데 구체적으로 함께 하시는 분이심을 다시금 경험하게 되었다.

설 연휴 기간에 나는 홀로 연휴를 맞았다.

항상 사람들과 함께 있다가 혼자 있으니 문득 외로움이 느껴졌다. 그런데 다행히도 그렇게 홀로 있다 보니 주님의 임재가 그 어느 때보다 더욱 가까이 느껴졌다.

이 세상의 친구들은 아무리 친해도 자신들의 생활이 있기 때문에 내가 외로울 때 항상 함께 할 수 없지만 주님은 언제 어디서나 바로 내 옆에 계셨다. 한 밤중에 자다가 문득 깨어, 내 곁에 아무도 없다는 것을 깨달으며 마음이 허전할 때에도 바로 내 곁에 계셨고, 이른 새벽에 텅빈 길을 혼자 걸을때도 나와 함께 걸어주셨다.

때로는 혼자서 벽을 쳐다보며 밥을 먹으려면 마치 먹기 위해서 사는 것 같은 비참함이 느껴져서 숟가락질을 하기 싫어질 때에도 주님은 내게 부드럽게 권면해 주셨다.

"건강해야 네게 맡겨진 사명을 잘 감당할 수 있고, 네가 건강하려면 이 밥을 먹어야 하지 않겠니?"

"네, 주님. 제가 이 밥 먹을게요. 그래야 건강한 몸으로 주님께서 제게 맡기신 사명을 잘 감당할 수 있겠죠?"

나는 다시 숟가락을 들어 밥을 먹는다.

이처럼 외로움을 느낄 때, 누군가에게 기대고 싶고 위로 받고 싶을 때에도 주님의 넓은 품은 항상 나를 위해 열려 있었고, 나를 기다리고 있었다.

주님께서는 내가 속마음 다 털어놓고 하소연 할 때도 인내롭게 들어 주셨으며, 아무에게도 말할 수 없는 비밀스러운 이야길 해도 다른 곳으로 새어나갈 염려도 없다. 정말 주님은 기쁨도 슬픔도, 외로움도 즐거움도, 걱정도 아픔도, 하다못해 내 마음 속에 있는 분노나 원망까지도 함께 나눌 수 있는 최고로 좋은 나의 친구이심을 새삼 깨달으며 감사한다.

어느 책에서 읽은 이야기가 떠오른다.

유명한 피아니스트 파데레프스키가 미국에서 대 공연을 할 때, 어떤 어머니가 이 피아니스트의 연주를 들려주려고 아홉살 짜리 아들을 공연장에 데리고 갔다. 그런데 어머니가 친구와 이야기 하는 사이에 이 아이가 살짝 빠져나가서 장엄한 연주용 그랜드 피아노에 다가가서는 작은 손으로 젓가락행진곡을 치기 시작했다.

수많은 관객들이 불평을 하며 소리지르기 시작했다. 아이의 엄마가 누구인지 빨리 아이를 데려 가라고. 관객들의 외치는 소리를 들은 이 피아노의 거장 파데레프스키가 급히 무대로 뛰어나가더니 아무 말 없이 아이의 뒤에 서서 허리를 굽히고 아이가 치고 있던 젓가락 행진곡의 멜로디를 살려주기 위해 멋진 반주를 넣기 시작했다. 함께 신나는 연주를 하면서 파데레프스키는 소년의 귀에 대고 속삭였다.

"계속해, 멈추지 말고 계속 연주해. 포기하지마."

피아노의 거장이 아홉살 짜리 어린아이의 서툰 젓가락 행진곡을 맞추기 위해 허리를 굽히고 낮아져서 겸손히 아이의 친구가 되어 주었던 것이다.

진정한 친구로 내게 다가오셔서 내가 포기하고 싶을 때 마다 '포기하지 말고 계속하라'고 속삭이면서 필요한 건반을 적시 적기에 누르시며, 나의 삶이 계속 아름답게 연주 될 수 있도록 반주를 해 주신 주님. 그 주님이 나의 진정한 친구가 되어 주셨기에 나는 그분을 의지할 수 있고, 나의 구주, 나의 친구라 부를 수 있음에 감사한다.

"이제부터는 너희를 종이라 하지 아니하리니 종은 주인의 하는 것을 알지 못함이라. 너희를 친구라 하였노니 내가 내 아버지께 들은 것을 다 너희에게 알게 하였음이니라."(요한복음 15:15)

아름다운 사람들 

지난번에 어느 교회에서 간증 찬양 집회를 마치고 몇몇 분들과 함께 점심 식사를 하고 있었다. 한참 맛있는 쌈밥을 먹고 있던중 어느 집사님께서 말씀하셨다.

"정경주 사모님, 제가요, 패션 디자이너인데요, 오늘 받은 은혜에 감사한 마음으로 꼭 사모님의 옷을 만들어 드리고 싶어요. 저의 마음을 받아 주실 거죠?"

옆에 앉아 식사를 하시던 다른 집사님이 신이 나서 정보를 제공했다.

"사모님, 이 집사님이 강남에서 의상실을 하는데요, 아주 유명한 분이세요. 대한민국의 유명 인사들이 이 집사님 의상실에 와서 옷을 맞춰 입는답니다. 아주 솜씨가 뛰어나신 분이세요."

옆에 계시던 또 다른 분이 이 말에 맞장구를 쳤다.

네, 맞아요. 000 대통령 영부인도 이 댁에서 옷을 맞춰 입으셨어요. 사모님 옷도 잘 만들어 드릴거예요. 그옷 입고 하나님을 찬양하면 얼마나 아름다우시겠어요?"

나는 갑작스러운 상황에 어떻게 반응해야 할지 몰라 머뭇거렸다.

그러자 옆에 계시던 또 한분이 말했다.

"아, 이렇게 하면 되겠네요. 나는 운전을 잘하니까 운전으로 봉사할게요. 제가 정경주 사모님을 모시러 가겠습니다."

그 말이 떨어지자 마자 또 다른 집사님이 이렇게 말씀하셨다.

"저는 요리가 특기거든요. 그러니까 정경주 사모님 만나는날 여기

계신 분들도 다 우리집으로 초청해서 멋진 식사와 아름다운 교제의 시간을 마련하겠습니다."

천진난만한 어린아이들처럼 밝게 웃으며 즐거워 하는 그분들의 모습을 보며 내 마음이 얼마나 행복했던지!

정말 이 각박한 세상에서 아직도 이렇게 아름다운 사람들이 있다는 것은 이 분들이 하나님의 자녀들이기 때문이라는 생각을 했다.

어떤 사람들은 다른 사람들에 대해 전혀 신경 안 쓰고 자신만을 위해 사는 사람이 있는가 하면, 어떤 사람들은 자신의 유익을 위해 남에게 피해를 주며 사는 사람도 있고, 또 어떤 사람들은 주위 사람들에게 도움을 주고 베풀며 사는 사람도 있다.

자신만을 위해 사는 사람들이나 남에게 피해를 주고 사는 사람들 보면 너무나도 불행하고 삭막한 삶을 살고 있는가 하면, 다른 사람들과 나누고 베풀며 사는 사람들은 더욱 만족하고 풍성한 삶을 누리는 것을 알 수 있다.

오래전 읽은 책의 내용이 떠오른다. 시각 장애인 노인이 시각 장애 아동을 무릎에 앉히고 점자 읽는 것을 가르쳐 준다는 내용이다.

진정으로 아름다운 사람들은, 소유가 많은 사람들이 아니라 자기에게 있는 것으로 다른 사람들과 나누면서 더불어 사는 사람들이라는 생각이 든다. 비록 소유가 많지 않아도 마음만 있으면 누구나 다른 사람과 나눌수 있는 것이 있을 것이다.

어떤 분이 이런 말을 했다.

"저 높은 곳에서 보면 니땅 내땅이 어디있습니까? 황사가 말해 주 잖아요. 공기도 통하고 물도 통하는 하나의 지구에 우리가 살고 있 습니다."

그래서 이분은 나라와 민족을 위해, 고령에 새로운 결단의 발걸 음을 시작했다. 휘몰아치는 모래바람 사이에 땅을 파고 나무를 심는 일을 위해 남은 생을 바치기로 한 것이다. 이를 돕는 또 다른 아름 다운 사람들과 함께 나무를 심으며 그는 이렇게 말한다.

"10년 20년 후에 우리 후손들이 황사 대신 맑은 공기를 마실 수 있다는 생각에 감사하죠."

이렇게 말하며 땀을 닦는 그들의 모습은 정말 아름답고 행복해 보였다. 정말 하나님의 나라를 위해, 내 이웃을 위해, 우리의 후손들 을 위해 열심히 일하며 심는 이분들의 삶은 아름다운 삶이라고 생 각했다.

언젠가 자신의 불편한 다리에 대한 불평과 원망 대신 세상과 장 애인을 이어주는 사랑의 다리가 되어주고 싶다는 소망과 꿈을 가지 고 열심히 살아가는 분의 간증을 들은 적이 있다.

자신이 장애인이라는 부족함을 채우기 위해 의사가 되려고 했지 만 아버지의 사업 실패로 대학을 포기하고 하나님께 나를 왜 이렇 게 장애를 주셨느냐고 불평하며 살던 그에게 하나님께서 빛으로 찾 아와 소망을 주셨다고 한다.

그 때부터 그는 원망과 한탄 대신 남들보다 더 일찍 출근하고 열 심히 일하다 보니 열등감은 사라지고 자신감이 생기기 시작했으며, 주위 사람들에게 인정받기 시작했다.

그는 사람들에게 인정받는 자리보다는 자신의 꿈을 따라 장애인 복지과로 자리를 옮겨 일하기로 결심했다. 그때부터 자신의 장애는 더 이상 걸림돌이 아닌, 꿈을 이루는 가장 큰 디딤돌과 감사의 조건이 되었다며 밝게 웃는 그의 얼굴은 정말 아름답고 밝아 보였다.

상황이 좀 불편하고 힘들더라도 불멸의 꿈과 소망을 가지고 사는 사람들은 정말 말 그대로 아름다운 사람들이다.

어제는 어느 대학의 총장님을 만났다. 우리는 대화 가운데 우리에게 사명 주시고, 비전과 용기를 주시며 비전이 이루어 질수 있도록 도우시는 하나님의 위대하심에 대해 나누기 시작했다.

다음 일정 때문에 아쉬운 마음으로 일어서는 나에게 마지막 하신 총장님의 말씀은 이것이었다.

"우리 기도해 봅시다."

사실은 내가 어떤 일에 대해 혼자서 기도하다가 문득 총장님 생각이 나서 방문했던 것이었다. 그런데 그 방문 며칠 후에 총장님께서 전화를 하셨다.

"나 기도 응답 받았어요. 나는 응답 받았는데 정교수도 응답 받았어요?"

"아니요, 저는 아직도 기도하고 있는데요."

"그래요? 그럼 정교수도 응답 받아야하니까 더 기도해 봐요. 나도 계속해서 함께 기도할테니까."

그래서 나는 더 기도해 보기로 했고 총장님이 어떤 기도 응답을 받으셨는지 듣기 위해 다음 주에 다시 방문하기로 했다.

이처럼 서로를 위해 기도하는 아름다운 사람들이 이 세상에 더욱 많았으면 좋겠다는 마음이 간절했다. 일의 결과보다도 함께 기도할 수 있는 아름다운 사람들이 주위에 있어서 행복하고 감사하다.

나는 요즘 눈뜨면 생명 주신 주님께 감사, 조용히 산책할 수 있는 시간과 공간 주심에 감사, 함께 기도하고 일할 수 있는 동역자들 보내 주심에 감사, 도움이 필요할 때 마다 이곳 저곳에 돕는 천사들을 보내 주심에 감사…. 정말 감사할게 너무 많다.

하나님의 자녀들의 삶은 하나님을 모르고 사는 세상 사람들에 비해 너무나도 아름답고 축복된 삶이다. 혹 고통스러운 일이 있다 해도 하나님께 나아가 하소연하며 의지할 수 있으니 감사하고, 결국 하나님께서 이 모든 일이 합력하여 선을 이루실 것이라고 믿으며 다시 일어날수 있음에 감사하다. 게다가 이 험한 세상에서 아름다운 사람들을 만날 수 있는 행복 주심에 감사하고... 무엇보다 삶의 현장에서 이런 저런 모습으로 우리와 늘 함께 하시는 하나님이 계셔서 감사하고 든든하다.

"믿음으로 말미암아 그리스도께서 너희 마음에 계시게 하옵시고 너희가 사랑가운데서 뿌리가 박히고 터가 굳어져서 능히 모든 성도와 함께 지식에 넘치는 그리스도의 사랑을 알아 그 넓이와 길이와 높이와 깊이가 어떠함을 깨달아 하나님의 모든 충만하신 것으로 너희게에 충만하게 하시기를 구하노라" (에베소서 3:17-19)

가족 휴가

얼마 전부터 나는 이번 여름에 미국에 갈지 안 갈지 결정하지 못하고 망서리며 기도하고 있었다.

그 이유는 남편과 두 자녀들의 여름휴가 일정이 나의 일정과 맞지 않았기 때문이었다. 가족들의 휴가 기간에 나는 한국에서 〈한국교육자선교회 여름 연찬회〉에서 간증과 찬양을 하도록 오래 전 부터 선약이 되어 있었다.

기도해 보니 오래전에 약속했던 그 집회를 꼭 가야한다는 확신이 있었기 때문에 이번 여름에는 미국에 가지 않기로 하고 한국교육자선교회에 간증 찬양 집회에 예정대로 가기로 했다. 그렇게 결정하고 나니 아이들을 보지 못하는 아쉬움이 있긴 했지만 내 마음 깊은 곳에는 이런 믿음이 깔려 있었다.

'항상 그러셨듯이 내가 하나님의 나라와 의를 먼저 구하면 하나님께서 이밖에 모든 것을 더하여 주실것이며 가장 합당하고 지혜로운 길로 인도해 주실거야…'

그런데 참 신기한것은, 내가 미국에 가지 않고 〈한국교육자선교회 여름 연찬회〉에서 간증 찬양 집회를 하기로 결정을 하고 난 후에, 우리 가족들의 여름 휴가 일정이 일주일 뒤로 미뤄진 것이다.

사실 미국에서 의학 공부를 하면서 병원 근무를 하는 큰 아들도 일년 동안의 근무 일정과 휴가 일정이 오래전 부터 정해지고, 신학 공부를 하며 한인 교회에서 전도사로 사역하고 있는 작은 아들의 일정도 교회와 다른 사역자들의 일정에 따라 오래 전에 정해진다.

또 군목으로 근무하며 공부하는 남편의 일정도 일년 전 부터 정해지는데, 모든 가족들의 여름 휴가 일정과, 수개월 전에 정해진 나의 집회일정등, 네사람의 일정을 맞추기가 정말 쉽지 않은 것이다.

그런데 어떻게 해서 미국에 있는 모든 가족들의 휴가 일정이 이처럼 자연스럽게 나의 한국 집회 일정 바로 일주일 후로 바뀐 것일까? 정말 우리의 머리로는 이해할 수 없는 일이었다. 그래서 우리 네식구는 입을 모아 "하나님이 하셨다!"는 말 밖에 더 이상 할 말이 없었다.

게다가 며칠 전에 하나님께서 우리 가족 모두를 놀라게 해 주신 일이 생겼다. 집사님 한분이 갑자기 찾아오셨는데 핑크색 봉투를 내놓으면서 말씀하셨다.

"사모님, 이번 여름에 미국에 가서 자녀들과 함께 시간도 보내시고, 또 목사님 귀국하시기 전에 같이 친지들도 방문하고 오세요…. 그래서 하나님께서 비행기표 값으로 주신 거에요."

그 일을 통해서 우리 가족은 확신을 갖게 되었다. 이번 우리 가족 휴가는 분명히 하나님께서 예비하신 축복의 선물이라는 것을….

이 일을 통해서 나는 또다시 하나님의 섬세하심과 깊은 사랑을 경험하며 하나님과 더욱 친밀함을 느꼈다.

다른 사람에게는 이런 일이 우연이라고 생각될지 모르지만 나는 아무리 생각해 보아도 하나님의 사랑이 우리에게 이렇게 표현되었다는 생각을 금할수 없다.

결국 나는 예정대로 한국교육자선교회 간증찬양 집회를 마치고 가족들을 보러 미국에 갈 수 있게 되었다. 우리의 삶과 발걸음을 인도하시는 하나님의 섬세하신 손길을 느끼며 비행기에 오르는 나의 발걸음이 그 어느때 보다도 경쾌했다.

그런데 나의 삶에 항상 이처럼 신나는 일만 있는 것은 아니다.

때로는 하나님의 뜻대로 살려고 애쓰는데 대적들의 공격이 나를 괴롭힐 때도 있다. 수많은 찬양시를 쓴 성경속의 다윗의 삶도 평탄하지만은 않았다.

"하나님의 마음에 합한 자" 임에도 정말 그의 삶에 수 많은 대적의 공격이 있었다. 사울이 사람을 보내 그를 죽이려고 했을 때도 그는 이렇게 부르짖었다.

"나의 하나님이여, 내 원수에게서 나를 건지시고, 일어나 치려는 자에게서 나를 높이 드소서"(시편 59:1)

다윗은 이처럼 원수에게 쫓기는 상황에서도 담대한 믿음을 잃지 않았다. 이 얼마나 통쾌한 기도인가!

이 구절을 읽는 나의 마음까지 시원해 지는걸 느꼈다. 보통 나를 원수에게서 건져주시라는 다급한 기도를 할 것 같은데, 다윗은 나를 원수에게서 건지실 뿐 아니라, 원수의 목전에서 나를 높이 들어주시라고까지 기도했다.

하나님은 그렇게 하실 수 있다고 믿었기에 이런 당찬 기도가 나왔을 것이다. 다윗은 요압이 에돔을 쳐서 일만 이천 명을 죽인 때에도 하나님께 이렇게 부르짖었다.

"하나님이여 내 마음이 눌릴 때에 땅끝에서부터 부르짖으오리니 나보다 높은 바위에 나를 인도하소서. 주는 나의 피난처이시요, 원수를 피하는 견고한 망대이십니다. 내가 영원히 주의 장막에 거하며 내가 주의 날개 밑에 피하리이다"(시편 61:1-2)

다윗이 이렇게 절박한 심정으로 하나님의 손길을 의지하며 부르짖는데 하나님께서 그를 뿌리치실 수가 없었던 것처럼 우리도 마찬가지라고 믿는다.

의지할 곳 없는 자녀가 도와달라고 매달리는데 그 자녀를 뿌리치는 매정한 부모가 있을까?

나도 다윗의 담대한 믿음을 닮고 싶다. 때로는 내가 잘못해서 하나님께서 나를 이렇게 힘들게 하시는가 하며 두려워서 하나님 앞에 나아가지 못하고 기도하기 어려울때도 있다. 하지만 어떤 상황에서도 우리를 버리거나 떠나시지 않는 하나님의 품속에 무조건 파고들어, 엄마 품속에 파고드는 어린아이처럼 울며 메달리면 결국 하나님께서 우리를 안아주실 것이다. 하나님께서 사랑하시는 자녀인데 어떻게 하시겠는가?

나는 가끔 나 자신이 철없는 어린아이처럼 느껴질 때가 있다.

내 힘으로 도저히 할 수 없음에도 끝까지 고집을 부리며 짐을 짊어지고 가다가 결국 모든 것이 깨어질 때… 그때서야 하나님을 바라보며 도와달라고 울음을 터뜨리며 그 자리에 서 있는 어린아이 같은 모습의 나를 본다. 그때도 하나님은 매정하게 날 버리고 가버리시는 분이 아니셨다. 오히려 울고 있는 나를 일으켜 세우시고 눈물을 닦아 주시고, 상처를 치료해 주셨다. 그리고는 깨어진 것들을 깨끗이 정리해 주시며, 나를 품에 안고 위로해 주셨다. 하나님은 내가 망가뜨린 그 문제 보다도 나를 훨씬 더 소중하게 여기시는 분이기 때문이다. 우매한 나를 붙드시는 하나님의 손길, 나의 삶속에 늘 함께 하시는 하나님, 참으로 감사합니다!

"내가 이같이 우매무지하니 주의 앞에 짐승이오나 내가 항상 주와 함께 하니 주께서 내 오른손을 붙드셨나이다. 주의 교훈으로 나를 인도하시고 후에는 영광으로 나를 영접하시리니 하늘에서는 주 외에 누가 내게 있으리요. 땅에서는 주 밖에 나의 사모할 자 없나이다. 내 육체와 마음은 쇠잔하나 하나님은 내 마음의 반석이시요. 영원한 분깃이라. 하나님을 가까이 함이 내게 복이라."(시 73:22-28)

하나님의 임재

며칠 전에 나는 미국에서 신학 대학원에 다니면서 그 지역의 한인교회 청소년 사역자로 섬기고 있는 아들로부터 하나님의 임재에 대한 간증을 들었다.

청소년들의 예배를 준비하기 위해 성경을 읽는데 하나님께서 말씀 하셨다고 한다.

"너 있는 그대로 나를 따르기만 하면 그 밖에 모든 것은 내가 인도할 것이다" 라고.

그날 밤, 자기가 인도하는 청소년들과 함께 모여 찬송을 부르는데 갑자기, '나 같은 죄인 살리신', 그리고 'I Love You Lord', 이 두 찬양을 부르고 싶은 마음이 생기더란다. 그래서 이 찬송을 부르고 싶은 사람들은 함께 부르고, 기도하고 싶은 사람들은 자유롭게 기도하라며 조용히 기타를 치면서 그 찬송을 부르기 시작했다고 한다.

그런데 자신도 모르게 하나님의 인도하심을 받아 그 찬송에 푹 빠져서 계속 찬송을 부르다가 시간이 많이 지나 눈을 뜨고 찬송을 멈추려고 하는데, 어떤 아이가 아들에게 그대로 찬송을 계속 부르라고 손짓을 하더란다.

그 아이는 전에는 예배에 참석하기 싫어했던 아이인데 눈을 뜨고 보니 그 아이가 다른 청소년 한 사람 한 사람에게 다가 가서 기도를 해 주고 있더란다. 그 아이가 다른 청소년 한 사람 한 사람을 위해 기도를 마치자, 모든 청소년들이 삼삼 오오, 작은 그룹으로 모여 함께 기도하기 시작하는데 그 누구도 그렇게 하라고 말 하지 않았고 인도하지도 않았지만 성령의 인도하심에 따라 그날 밤을 새우며 그렇게 기도했다고 한다. 그날 밤, 그 청소년 예배에 놀라운 영적 부흥이 시작되었고, 그 아이는 영적인 리더로서의 첫 발자국을 내 딛게 되었다고 한다.

그 이후 아들은 그 아이에게 기타를 가르쳐 주었는데 그 아이가 얼마나 열심히 연습을 했던지, 금방 기타를 배워 가지고 지금은 아들과 그 아이가 함께 찬양 인도를 하고 있다고 했다.

아들로 부터 그 이야기를 들은 나의 마음속에 전에 그 교회에 간증 찬양 집회를 하러 갔을때 그 아이의 어머니가 내 손을 잡고 하소연 하셨던 기억이 난다.

"사모님, 우리 아들이 교회에 가기 싫다며 반항하고 고집이 어찌나 센지, 부모인 우리도 어쩔수가 없어요. 아빠가 목사인데 아들이 저러니 얼마나 속상하고 걱정이 되는지요. 교회에 다른 청소년들에게 본이 안돼요…. 그 아이가 언제 변할지 모르겠어요. 우리 아들 위해서 기도좀 해주세요…."

나는 그 아이의 어머니가 내게 하신 말씀을 생각하며, 그 아이가 어쩌면 그렇게 변화되었는지, 성령님의 역사와 임재에 대해 더욱 큰 감동을 받았다.

성령님께서는 우리를 통해 하나님께서 계획하신 뜻을 이루기 원하신다. 우리가 생각하기엔 자신이 아주 희미하고 보잘것 없이 여겨질 지라도 우리의 눈을 자신의 초라한 모습이나 상황으로부터 돌려 전능하신 하나님의 인도하심에 따라 순종하기만 하면 이처럼 놀라운 성령의 역사를 체험 할 수 있는 것이다.

아들의 간증을 듣는 중에 하나님의 능력과 역사를 제한하지 않아야겠다는 각오가 내 마음속에 깊이 각인되었다.

우리는 하루 하루의 삶 속에서 많은 사람들과 만나며 살아간다. 우리의 만남이나 사건들, 아무리 사소한 일이라도 우연은 없는 것이다. 아무리 사소한 것도 하나님의 계획과 목적이 이루어지기 위해 필요하기에 성령님께서 인도하시고 허락하시는 것이다. 그 아이의 삶에 그런 전환점이 있었던 것은 그 아이가 성령님의 인도하심에 순응했기 때문이 아닐까? 그 아이는 자신의 가능성을 제한하지 않고 성령님께 맡기고 따라간 것이다.

아들과 통화를 끝낸 후에 나는 조용히 생각해 보았다.

나를 그처럼 사랑해 주시고 아껴 주시던 나의 부모님도 나를 떠나셨고, 나도 언젠가 사랑하는 나의 자녀들을 떠나야 할 때가 있을 것이다. 그러나 영원히 우리 곁을 떠나지 않으시는 믿을만한 보호자 하나님께서 함께 하시니 얼마나 안심이 되는지….

이 세상은 불완전하고 불협화음이 가득하지만 하루 하루의 주어진 삶 속에서 하나님의 인도하심에 귀 기울이며 순종할때 성령의 역사를 체험 할 수 있음에 감사한다.

하나님의 임재는 크고 대단한 일에서만 찾을 수 있는 것이 아니라 매일의 소소한 일상 속에서도 찾을수 있다. 사소한 일, 사소한 만남이라고 생각되는 일상에서도 하나님의 임재를 발견하며 순종하는 사람은 인생에서 승리한 사람이다. 이 승자의 삶으로 하나님께 영광 올려 드리고, 주위 사람들도 승리하며 살 수 있도록 돕는 삶이 되길 기도한다….

"내가 아버지께 구하겠으니 그가 또 다른 보혜사를 너희에게 주사 영원토록 너희과 함께 있게 하시리니 저는 진리의 영이라 세상은 능히 저를 받지 못하나니 이는 저를 보지도 못하고 알지도 못함이라 그러나 너희는 저를 아나니 저는 너희와 함께 거하심이요 또 너희 속에 계시겠음이라"
(요한복음 14: 16-17)

극진한 사랑

추석 연휴 기간 동안은 정말 거리가 텅 빈 것 같았다.

그런데 좀 외롭다고 느낄 때 마침 국제 전화가 왔다.

작년에 미국 팜스프링스에 간증 찬양 집회 갔을 때 처음 만난 여 집사님이 생각지도 않게 전화를 하셔서 깜짝 놀랐다. 그 곳은 미국에서도 한국인들이 많이 살지 않는 곳이라서 자기는 그 날이 추석 날 인지도 모르고 전화를 했다면서 내게 이런 말씀을 하셨다.

"사모님, 이 세상 그 무엇도 우리를 하나님의 사랑에서 끊을 수 없어요. 그렇죠? 저는 이국 땅에서 외롭지만 하나님의 사랑 때문에 하루 하루를 살아갈 수 있어요."

그 전화 마치고 나니 또 다른 권사님이 전화를 하셨다.

나는 아무 말 안하고 듣고만 있는데 그 분이 이런 말씀을 하셨다.

"이 세상에 많은 사람들이 있고, 그 많은 사람들이 다 날 사랑한다 해도, 나를 위해 그 큰 고통을 참으신 주님의 사랑과 비교할 수 없어요. 그래서 저는 그런 주님의 사랑만 마음속에 입력하고 살아가기로 했어요."

이 두 분의 말씀을 듣고 난후, 하나님께서 이 두 분을 통해서 나에게 하나님의 사랑을 확증시켜 주기 원하신다는 생각을 하게 되었다. 그 생각을 하자, 나를 향한 하나님의 사랑이 더욱 현실감 있게 다가왔다.

사랑은 이해하는 마음을 싹 트게 한다.

누군가를 사랑하면 평소에 이해 할 수 없을 것 같은 일도 이해하는 너그러운 마음이 생기고, 혹은 이해 할 수 없다 해도 그 모습 그대로 사랑할 수 있게 된다.

하나님의 사랑은 이처럼 이해를 초월한 사랑인 것이다. 아무리 가깝고 사랑하는 부부일지라도 가끔 오해가 생겨서 다투기도 하고 서로 상대방을 설득시키려 애쓰기도 하지만 잘 안될 때가 있다. 그런데 참 감사한 것은, 하나님께서는 내가 나 자신을 이해하는 것 이상으로 나를 이해하고 계시며, 나의 모든 죄와 허물을 다 알고 계시면서도 내 모습 그대로 나를 사랑하신다는 것이다.

요즘 주위에 온갖 열매 맺힌 나무와 무르익은 과일을 본다. 그 형형 색색의 열매와 과일들을 보면서 인간을 향한 하나님의 사랑을 몸으로 느낀다.

하나님께서 우리를 위해 온갖 열매 맺는 나무와 과일과 채소를 만드시고 우리로 하여금 즐기게 하시는 그 사랑…

이 세상에 하나님외에 누가 우리를 위해 그런 일을 할 수가 있을까?

또 우리가 이 모든 것을 즐기며 기뻐하는 모습을 보고 계시는 하나님께서는 얼마나 기쁘실까?

어머니가 만들어 준 음식을 감사한 마음으로 맛있게 먹는 자녀의 모습을 지켜보는 어머니의 마음이 얼마나 기쁘고 뿌듯한지 나는 안다. 그러기에 하나님의 마음이 그럴 것이라는 생각이 든다.

J. I. Packer 는 우리를 향한 하나님의 사랑을 이렇게 표현했다.

"하나님께서는 자신의 궁극적인 행복을 우리의 행복에 두실 만큼 우리에게 사랑을 쏟아 부으셨다."

자녀를 낳고 키워본 사람은 이해할 수 있을 것이다. 자녀가 잘났거나 못났거나 그가 기뻐하면 나도 기쁘고 그가 슬퍼하면 나도 슬프고, 그가 아프면 내가 더 아프고…. 그게 바로 자식을 사랑하는 부모의 마음이 아닐까? 우리는 비록 하나님의 사랑 받을 자격이 없는 것 처럼 느껴질 지라도 하나님께서는 우리를 사랑하시며, 우리로 인해 기쁨을 이기지 못하신다고 하셨다.

"너의 하나님 여호와가 너의 가운데 계시니 그는 구원을 베푸실 전능자시라 그가 너로 인하여 기쁨을 이기지 못하여 하시며 너를 잠잠히 사랑하시며 너로 인하여 즐거이 부르며 기뻐하시리라 하리라"(스바냐 3:17)

이사야서 6장 5절에서는 이렇게 말씀하셨다.

"마치 신랑이 신부를 기뻐함 같이 네 하나님이 너를 기뻐하신다"

솔직히 나는 처음에 이 말씀 읽었을 때 실감이 나지 않았었다. 그래서 속으로 이런 질문을 했었다.

"정말 하나님이 나같은 사람을 이처럼 기뻐하시고 사랑하실 수 있을까?"

그런데 지난 30년간 하나님을 경험해 보니 이 말씀이 정말 맞다. 하나님은, 나를 죄에서 자유케 하셨을 뿐 아니라 어두움 가운데서 이끌어 내어 밝은 빛으로 인도하셨다. 그리고 내가 왜 이 세상에 존재하며 무엇을 위해 살아야 하는지도 가르쳐 주셨다.

내가 실망과 좌절 가운데 눈물 흘릴 때 찾아오셔서 위로해 주시며 찬송하게 하셨고, 그처럼 믿었던 친구로부터 받은 배신감으로 허전해 할때 내게 가장 가까운 친구가 되어 주셨다. 나의 텅 빈 영혼을 만족감으로 채워 주셨으며, 나는 할 수 없다고 포기할 때도 하나님은 절대 나를 포기하지 않으셨다.

이 세상에 '나 홀로' 라는 외로움 속에서도 하나님은 나와 항상 함께 하신다는 것을 깨닫게 해 주셨다. 이 세상 누구도 나에게 이렇게 해 준 사람이 없다. 그래서 이제는 나도 어떻게 하나님을 더욱 사랑할 수 있는지 가르쳐 주시라고 기도하며 이 책을 통해서 하나님의 사랑을 다른 사람들에게 표현하기 원한다.

하지만 일만 권의 책을 통해 하나님의 사랑을 표현하려 애쓴다 한들, 어찌 하나님의 사랑을 글로 다 표현할수 있으랴? 그 근처에도 도달하지 못한다는 아쉬움을 안고 성경 말씀으로 하나님의 사랑을 표현 할 수 밖에 없다.

"내가 확신하노니 사망이나 생명이나 능력이나 높음이나 깊음이나 다른 아무 피조물이라도 우리를 우리 주 그리스도 예수 안에 있는 하나님의 사랑에서 끊을 수 없으리라"(롬 8:38,39)

"불평할 수 없어요" 

어제 미국에 있는 작은 아들로부터 이메일을 받았다.

"엄마, 저 요즘 사역에 아주 힘든 일이 있어요. 하지만 이런 역경이 저에게 필요하기 때문에 하나님께서 허락하시는 줄 알기에 불평할 수 없어요. 인내하며 기다릴 수 있도록 저를 위해 기도해 주세요."

그 메일을 읽는 나의 마음이 아프긴 했지만 나는 아들에게 이렇게 답장을 했다.

"아들아, 얼마나 힘들면 엄마에게 기도해 달라는 부탁을 했겠니? 그러지 않아도 너를 위해 매일 기도하고 있는데 너의 부탁대로 엄마가 더욱 열심히 기도할게. 이번 일로 해서 많이 힘들 너를 생각하니 엄마도 마음이 아프구나. 하지만 너는 항상 하나님을 바라보는 믿음의 사람이기에 하나님의 위로가 너와 함께 하실 줄 믿으며 엄마도 위로를 받는단다. 사실 엄마도 요즘 사역에 힘든 일이 있었단다. 그런 나의 마음 속에 주님께서 깨닫게 하신 메시지가 있었어. 그 메시지를 오늘 너와 함께 나누고 싶어. 나에게 위로가 되었던 것 처럼 너에게도 위로가 되길 바래…

첫째, 하나님께서 우리에게 역경을 허락하실 때

　　　그 역경을 절대로 헛되이 낭비하지 않으신다는 것.

둘째, 하나님께서 결코 목적 없는 역경을 허락지 않으시며

　　　하나님의 목적은 선한 목적이라는 것.

셋째, 하나님께서는 이 모든 역경까지도 합력하여
　　결국 선을 이루신다는 것.
넷째, 하나님께서는 악한것 까지도
　　선하게 바꾸실수 있는 분이라는 것.
다섯째, 하나님의 때에 하나님의 선하신 계획과 목적을
　　꼭 이루신다는 것.

주님께서 주신 이런 확신을 근거로 엄마는 잠잠히 하나님만 바라보면서 인내로 기다릴 수 있게 되었단다. 아들아, 우리 함께 하나님의 선하심을 기다리자꾸나…."

나는 위의 메시지와 함께 성경말씀을 적어서 아들에게 보냈다.

"그러므로 너희 담대함을 버리지 말라. 이것이 큰 상을 얻느니라. 너희에게 인내가 필요함은 너희가 하나님의 뜻을 행한 후에 약속을 받기 위함이라"(히브리서 10:35-36)

아들과 나 뿐만 아니라, 요즘 내 주위에 힘들어하는 분들이 왜 이리도 많은지 모르겠다.

어떤 분은 요즘 어떻게 지내시느냐고 안부를 물었더니 첫 마디가 "죽지 못해 삽니다" 였다.

또 어떤 분은 "모든 것 뒤로하고 조용히 기도원에 가서 쉬며 다 잊고 싶다"고 했다.

또 다른 분은 "남편에게 다른 것 하나도 안 바랄 테니 미국에 조그만 집 한 채만 사주면 혼자 미국에 가서 살겠다" 며 남편과 심하게 다투었다고 했다.

이 모든 분들이 다 교회에 열심히 다니며 신앙 생활 하는 분들이었다. 그러고 보면 하나님을 믿는 성도들이라도 문제가 없는 사람이 없는것 같다. 겉보기엔 괜찮아 보여도 마음 열어놓고 이야기 하게 되면 너 나 할 것 없이 크고 작은 문제에 부대끼며 살아가는 모습을 본다. 문제가 없으면 살아있는 것이 아니라는 생각이 들 정도로….

그런가 하면 나는 이런 말을 하는 분을 만났다.

"나는 기나긴 세월, 남편과 싸우며 살아오는 동안 확실히 깨달은 게 있어요. 내가 이때까지 사단에게 속고 살아왔다는 것이죠. 아니, 서로 사랑하며 살기에도 짧은 인생에서 내가 마귀에게 속아서 조그만 일로 참지 못하고 남편과 다투면서 남편을 힘들게 하고 내 맘도 편할 날 없이 살아왔거든요. 결국 생각해 보니 그동안 사단 좋은 일만 하고, 나와 남편만 힘들게 살아왔다니까요.

그래서 난 결단했어요. 내가 인내하기 힘들 때, 내가 지금 인내하지 못하면 분명히 사단 좋아하는 일이 될테고, 결국 나만 손해 보게 되니까 '나 이제 더 이상은 사단에게 안 속아!' 하면서 참고 인내하기로 결심했어요. 자꾸만 그렇게 하면서 같은 말이라도 어떻게 하면 남편의 마음을 상하지 않게 말 할 수 있을까 한번 더 생각하고, 남편의 기분을 배려하는 행동을 하려고 노력하고, 그러다 보니까 우리의 관계가 전보다 많이 좋아졌어요.

처음엔 내가 이렇게 참고 인내하니까 한동안 남편이 조심스럽게 눈치를 보더니 이제 남편도 제게 아주 잘 하구요, 정말 많이 변했어요. 이제부턴 절대로 사단에게 안속을 거예요.”

그 분의 말씀을 듣는 나의 마음 속에 성경말씀이 떠올랐다.

“여호와 앞에 잠잠하고 참아 기다리라…. 분을 그치고 노를 버리라. 불평하지 말라. 행악에 치우칠 뿐이라. 대저 행악하는 자는 끊어질 것이나 여호와를 기대하는 자는 땅을 차지하리로다”(시편 37:7-9)

이 얼마나 놀라운 축복의 말씀인가! 여호와하나님을 기대하는 자는 땅을 차지한다니….

솔직히 나는 땅을 바라기 전에 나 자신의 마음을 다스릴수 있는 축복을 받기 원하는 마음 간절하다.

내가 현재 당하고 있는 문제가 가장 크고 고통스럽게 느껴지지만 이 문제를 새로운 눈으로 바라보는 시각이 필요하다. 하나님은 멀리 계신 것 같지만 바로 내 곁에 계시며 내가 혼돈과 부정적인 생각 속에 머물러 있길 원치 않으실 것이다.

어떨 때는 나의 삶에 어려움이 생기면 ‘내가 잘 못해서 하나님이 나에게 벌 주시는 것’이라고 부정적으로 생각하며 죄책감에 시달릴 때도 있다.

그런데 성경말씀을 살펴보면 꼭 그렇지만은 않은 것이다.

욥도 자기가 잘못해서 그런 고난을 당한 것이 아니었고, 요셉이 감옥에 오래 갇혀있던 것도 그의 잘못 때문이 아니었다. 하나님께서 사도바울에게도 육체의 가시를 주시지 않았던가?

어쨌든 고난은 그 원인과 관계없이 나를 더욱 성장하게 하는 효과적인 길이며, 또 사실 모든 것이 잘 되어갈 때 보다 나의 삶에 어려움이 닥칠 때 하나님의 은혜와 능력을 가장 크게 경험 할 수도 있기 때문에, 두려워 하거나 부정적으로 생각할 일 만은 아닌 것이다.

고난 중에 침묵하시는 하나님….

하나님은 왜 침묵하실까?

나에게 관심이 없으셔서 일까? 혹은, 하나님이 그 고난을 해결할 수 없는 분이라서? 그렇지 않다! 내가 경험한 하나님은 분명히 침묵 가운데서도 나를 돌보고 계시며, 나의 삶에 하나님의 선한 목적을 성취해 가고 계시는 하나님이시다.

그러기에 하나님은 믿고 의지할 만한 분이시며, 찬양을 받기에 합당하신 분이시다. 예수님께서 십자가에 못 박혀 돌아가실 때에도 하나님께서 예수님을 사랑하지 않으셔서 침묵하셨을까?

아니다. 하나님께서는 잠시의 고통을 참을 때 이를 통해서 인류에게 영원한 구원의 길이 열린다는 더 큰 목적을 보고 계셨기에 예수님과 함께 고통을 견디어 내시며 침묵하셨던것일게다.

지금 힘들더라도 더 큰 하나님의 목적이 있음을 믿으면서 조금만 더 참아 내자. 하나님이 계신 것과 하나님을 찾는 자에게 상 주시는 분이심을 믿자! 불평해도 아무 소용 없고, 유익함이 없다. 그러기에 역경에 저항하며 불평하지 말자. 고난의 이유를 묻기에 너무 집착하지 말자. 하나님의 크신 목적이 나의 삶에 이루어지길 소망하는 마음으로, 하나님을 신뢰하고 의지하며 이겨내자!

하나님께서는 자녀들이 아무 문제없이 순풍에 돛단배 가는 듯한 그런 삶을 원하시는게 아니라, 그 보다 더 큰 목적을 갖고 계신다는 것을 나는 확신한다.

하나님께서는, 우리가 이 세상에서 잠시 받는 고난을 더욱 가치 있고, 더욱 영원한 목적을 위해 사용하시는 분이심을 나는 확실히 믿는다. 그걸 알기에 나의 작은 아들이 힘든 일을 당하며 기도해 달라고 부탁했을 때 나는 그 힘든 일이 없어지도록 기도할수 없었다. 다만 아들이 그 고난을 능히 이겨낼 수 있도록 담대한 믿음을 주시고 그의 삶에 하나님의 더욱 크신 뜻이 이루어지길 기도했다.

여름철에 뜨거운 햇볕을 받으며 그 더위를 이겨내야 시원한 가을에 탐스러운 열매가 맺히듯, 고난은 우리를 성숙케 하고, 뜨거운 시간을 지나 때가 이르면 알찬 열매를 맺게 하는 뜨거운 태양과도 같은 것이다. 그러기에 아들의 말처럼 불평하지 말고 인내로 기다리면서 이 고난을 이겨내면 결국 아들과 나의 삶에도 인내의 열매가 맺힐 것을 나는 믿는다!

"그러므로 너희 담대함을 버리지 말라 이것이 큰 상을 얻느니라 너희에게 인내가 필요함은 너희가 하나님의 뜻을 행한 후에 약속을 받기 위함이라" (히브리서 10:35-36)

힘 주시는 하나님

희망의 속삭임

드디어 봄이 왔다. 따스한 봄의 햇살을 온 몸으로 맞이하며 문득 내 생애 최고로 아름다웠던 봄날을 되새겨 본다.

예수님을 내 삶의 구주와 주님으로 만나기 전에, 나는 육신은 살아있지만 영혼은 텅 비어 있는 죽은 나무 껍질과도 같았었다. 생명의 능력이 없이 시들고 메말라 있었다.

그러던 어느 날 이른 봄에 길을 걷다가 겨울 내내 얼어붙었던 단단한 땅을 뚫고 나온 작은 새싹을 보는 순간 나의 가슴속에 생명의 박동을 느꼈다.

'저 연약한 새싹이 어떻게 저렇게 단단한 땅을 뚫고 나올 수 있을까? 이 생명의 신비와 능력이 어디서 나오는 것일까?' 생각하기 시작했다.

　밤하늘에 반짝이는 별을 바라보면서 '저 별빛 속에 우주를 다스리시는 하나님이 계시지 않을까?' 생각하기 시작했다.

　그때부터 나는 이 모든 것을 다스리시는 하나님이 살아계실 것이라고 믿으며 하나님을 만나기 위해 영혼의 순례 길을 떠나게 되었다. 오랜 순례길의 끝자락에서 나는 주님을 만났다. 주님께서는 메마르고 생명이 없던 나의 영혼을 새 생명으로 채워 주셨다. 그러기에 나는 꽃잎 속에 보이는 주님의 손길, 별빛 속에 빛나는 주님의 영광을 찬양하지 않을 수 없게 된 것이다.

　오늘 아침에도 나는 얼음을 뚫고 피어나는 꽃의 얼굴속에서 하나님의 손길을 보았다. 자연은 거짓말을 할 줄도 모르고 속일 줄도 모르며, 오직 자기를 만드신 창조주 하나님의 영광을 나타낸다. 길고 긴 겨울, 생전 사라지지 않을 것 같은 추위도 어느새 물러가고 이제 새 생명의 기운을 느끼는 봄이 선뜻 다가왔다. 해마다 맞는 봄이건만 금년 봄은 유독 따스하게 다가온다. 아마 나 자신의 삶 속에 자리잡고 있던 추운 겨울을 지나, 새 생명과 함께 새롭게 소생하는 이 봄이 되기를 바라는 희망의 속삭임 때문인가 보다.

　겨울 내내 죽은듯한 마른 가지에도 새싹이 나듯, 나의 삶에도 주님께서 다스리시는 새생명의 힘으로 가득 채워지길 소망하며 이 봄을 맞는다. 부활하신 주님을 바라보며 활기를 되찾기 갈망한다. 또

한 이 봄엔, 나의 힘으로 할 수 있는 것들을 다 해보고 싶다. 봄 청소로 시작해서, 집안 분위기도 바꾸어 보고, 꽃이나 향초로 어두웠던 구석을 밝게 장식도 해보고…. 아지랑이 피어 오르는 동산에 올라 하늘을 바라보며 가슴을 펴고 마음껏 기지개를 켜며, 마음속 구석구석까지 환하게 밝히고 싶다. 무엇보다도 이 봄에는, 주님의 손길과 입김이 만물을 소생케 하듯, 주님의 손길과 숨결이 나의 영혼에도 새로운 희망으로 채워 주시길 간구한다.

이 봄에는 겨울 내내 접어놓았던 마음의 그물을 꺼내어 광활한 희망의 바다를 항해할 수 있기 원한다. 하나님의 은혜의 바다로 나아가 그물을 내려, 보화를 캐내어 가지고 돌아와서 주위 사람들과 나눌수 있기를 바란다. 베드로도 한 때 고기잡이 하다가 낙심할 때가 있지 않았던가? 주님께서 영영 떠나 버리신 것 같았고…. 아무리 노력해보았자 밤새 헛수고했던 베드로에게 주님께서 나타나셨을 때 그의 삶이 변화 되었듯이, 그 주님께서 지금 나의 마음에도 새로운 희망으로 채워 주시기 갈망한다.

베드로와 함께 지쳐있던 제자들에게 주님께서 나타나 말씀하셨을 때 그들은 밤새 헛탕치긴 했지만 주님의 말씀에 순종하여 믿음으로 그물을 던졌다. 그때 밤새 아무것도 낚지 못했던 그물에 고기가 차고 넘쳐 들 수 없을 정도가 되었다. 고기를 많이 잡은 것도 기뻤겠지만 주님께 자신들의 남은 삶을 맡기고 따라갈 수 있다는 희망이 그들을 더욱 기쁘게 하지 않았을까?

나도 그동안 그물을 잘 못 던진 허탈감에서 헤어나지 못하고 있었다. 그래서 다시 그물을 던질 의욕을 상실한체 그자리에 주저 앉아 있었다.

하지만, 이제 나도 베드로처럼 주님의 음성에 귀 기울여 보자! 낙심하고 지쳐있던 제자들이 놀라 일어나 힘을 얻고 새 출발 했던 것처럼, 나도 이제 주님의 음성을 듣고 다시 일어나서 새로운 희망을 발견하는 봄을 맞이해야 겠다. 가슴을 열고, 이 아름다운 봄의 향기를 마음껏 들이키자. 아무리 겨울이 추웠다 해도 하나님의 때가 되니 소리없이 물러가지 않았던가?

죽은 가지에서도 새싹이 움트고, 차갑고 단단한 땅 속에서도 꽃잎이 얼굴을 내밀 듯, 이제 나도 새생명 움트는 봄을 향해 어깨를 펴자. 힘차게 약동하는 새생명을 보며 이 모든 것을 다스리시는 주님을 다시금 바라보자!

주님께서 십자가의 죽음과 고통을 이기고 찬란한 부활의 아침을 맞이 하셨던 것 처럼 나도 이제 주님과 함께 다시 일어나 새롭게 시작하련다!

천지에 새 생명이 약동하는 이 계절에 나의 영혼도 긴 겨울잠에서 깨어나 생명의 주님을 찬양하기 원한다. 싱그러운 새싹처럼, 영롱한 꽃잎처럼, 나의 영혼도 밝고 환하게 피어나길 소망한다. 얼어붙었던 대지에 새 생명의 꽃을 피우시는 하나님께서, 나의 영혼도 새 생명으로 꽃피우게 하실 수 있을 것이다.

누군가 한 말이 생각난다.

"겨우내 잃었던 봄의 소식과 함께 희망의 속삭임을 봄 바람 속에서 들을 수 있는 사람은 행복한 사람이다."

그렇다. 살다 보면 차갑고 사나운 바람이 불어 닥칠 때도 있고, 부드럽고 따스한 훈풍이 불 때도 있는 것이다. 하지만 분명한 것은, 아무리 춥고 드센 겨울 바람도 하나님의 때가 되면 부드러운 봄 바람에 밀려날 수 밖에 없다는 것이다.

나의 삶에도 언제까지나 찬바람만 휘몰아치진 않을 것이다. 추운 겨울엔 모든 것이 얼어붙어 정지된것 같지만 땅속에서는 지금 봄의 새생명을 싹트기 위해 준비하고 있는 것이다. 봄이 되면 차가운 땅을 뚫고 나오는 꽃잎을 싹트게 하시는 하나님께서 지금 내 안에 계시지 않은가!

이제 나의 마음도, 소생케 하시는 하나님의 품속에서, 따스하고 부드러운 봄바람 속에 들려오는 희망의 속삭임을 들을 준비가 되었나 보다….

"내가 산을 향하여 눈을 들리라 나의 도움이 어디서 올꼬 나의 도움이 천지를 지으신 여호와에게서로다" (시편 121:1-2)

찬양의 힘

비온 후의 창밖을 바라보니 아질리아 꽃잎의 빨간색이 더욱 선명해 보이고, 봄바람에 나부끼는 초록빛 나뭇잎들이 한층 싱그러워 보인다. 이처럼 아름다운 광경을 보니 나도 모르게 찬양이 흘러 나온다.

찬양은 이처럼 기쁠때나 기분 좋을때만 부르는 것이 아니라, 두려움이나 슬픔가운데서 불러도 은혜가 된다. 로마 역사의 기록에 기독교 부분을 보면 사자의 밥이 되기 위해 경기장에 끌려가는 크리스천들도 찬송을 불렀다는 기록이 있다. 찬양은 하나님과 교제하도록 창조된 인간의 특권으로, 하나님의 하나님되심을 인정하며, 하나님께 드리는 감사의 마음과 우리의 간구하는 마음을 표현하게 한다. 삶 속에 실패나 회개, 기쁨이나 감사가 넘칠 때 우리의 마음을 찬양으로 표현 할 수 있음은 하나님의 자녀들에게 주어진 특권이다. 찬송은 하나님께 올려드리는 마음의 표현일 뿐 아니라 내 마음속에 파고드는 힘, 그리고 다른 사람들의 마음에 감동을 주는 놀라운 능력이 있다. 또한 찬양 속에 하나님이 거하시기 때문에 찬양에는 어두움의 영, 악한 영을 물리치는 능력이 있다.

얼마 전에 젊은 여자분이 내게 전화를 했다.

"사모님, 안녕하세요? 저 오늘 사모님과 꼭 이야기 하고 싶어서 전화했어요. 시간 괜찮으세요?"

"네, 괜찮아요. 말씀해 보세요."

"다름이 아니라 남편이 날마다 술에 취해 들어 오고 가정에 전혀 관심이 없어서 저와 우리 아이들이 그동안 너무나도 우울하고 힘들게 살아왔거든요."

"정말 많이 힘드셨겠네요…."

"네, 결혼 이후 10년을 쭉 그렇게 살아왔는데요, 요즘 저희 가정이 달라져서 소망이 생겼어요. 사실은 그래서 오늘 정경주 사모님과 그 간증을 나누고 싶어서 전화 한거에요."

"어머 그러세요? 무슨 소망이 생기셨는데요?"

나는 소망이 생겼다면서 흥분된 어조로 이야기 하는 이 여자분이 무슨 말을 할까 기대를 가지고 물었다.

"다름이 아니구요, 지난번에 사모님의 찬양 CD를 선물로 보내 주셨잖아요. 사모님이 보내주신 그 찬양 CD를 듣고 있는데 제 마음속에 문득 이런 생각이 드는 거에요. 하나님은 찬양가운데 거하신다고 들었는데 찬양으로 우리 집을 가득 채우면 하나님이 우리 집에 거하시겠지? 빛되신 하나님이 우리 집에 거하시면 우리 집에 있는 어두움이 물러가겠지? 하는 생각요."

예수님을 영접한지 얼마 안되는 이 여자분의 믿음에 놀라며 나는 응답했다.

"어머 그 믿음이 정말 놀랍군요. 하나님은 찬양가운데 거하신다는 말씀이 성경에도 있잖아요. 자녀들이 하나님을 찬양할 때 하나님께서 그 찬양을 기쁘게 받으시겠죠? 하나님께서 이 백성은 내가 나를 위하여 지었나니 나의 찬송을 부르게 하려 함이라고 말씀하셨지요. 그런데 예수님 믿은지 얼마 되지도 않으셨는데 어떻게 그런 생각을 하셨어요?”

“네, 이것도 하나님이 하신 거에요. 감사하지요. 그래서 저는 아침마다 찬양 음반을 틀어놓고 부엌일을 하면서도 함께 따라 부르곤 해요. 근데요. 정말 저는 예수님 믿기 시작한지도 얼마 안되었는데 우리 가정이 변하는게 보여요. 처음에는 찬양 음반을 켜면 싫어하던 남편이 어느 날 혼자서 찬양 음반을 듣고 있더라구요. 저 정말 깜짝 놀랐어요. 믿어지지가 않더라구요.”

“어머, 정말요? 남편이 직접 찬양 CD를 틀고 들으셨나요?”

“네, 어느날 저녁에 제가 퇴근해서 집에 와 보니까 혼자 소파에 앉아서 머리를 뒤로 기댄 채 찬양을 듣고 있더라구요. 어둑 어둑한 데 불도 안켜구요. 찬양을 들으면서 무슨 생각을 깊이 하고 있는것 같았어요….”

“혹시 찬양을 들으시면서 그 가사의 내용에 대해 생각하고 계시지 않았을까요? 남편분께서 아내의 기도의 응답으로 지금 복음에 대해 목말라하고 계실지도 모르죠….”

“네. 그런것 같아요. 전에는 저와 아이들을 교회 앞까지 태워다 주고만 갔는데 요즘은 교회에 들어와서 함께 앉아 예배가 끝날 때 까지 기다려요. 근데 예배만 끝나면 점심식사는 안하고 어느새 집으로 도망가 버려요.”

“그래도 그게 어디에요? 성경에 ‘믿음은 들음에서 나며 들음은 그리스도의 말씀으로 말미암았다’고 하셨으니까 하나님의 말씀을 자꾸 듣다 보면 믿음도 생기시겠죠?"

"네. 요즘 우리집 분위기가 그렇게 변하고 있어서 소망이 생겼어요. 요즘은 남편이 일찍 퇴근해서 아이들하고 놀아주며 집안에서 웃음 소리가 들리니까 우리집 분위기가 사람 사는것 같아요. 결혼 십 년만에 이런 행복을 처음 느꼈어요."

"정말 좋은 소식이네요. 축하 드려요. 계속해서 온 집안을 찬양으로 가득 채우시구요, 또 남편분 위해서도 계속 기도 하실거죠?"

"네, 그럼요. 사모님도 생각 나실 때 마다 우리 남편 위해서 기도해 주세요…."

어제는 친구와 함께 어떤 부인을 만났다. 작년에 그 부인을 처음 만났을 때 찬양 음반에 서명을 해서 드린 적이 있다. 그리고 일년이 지난 후에 그 부인을 다시 만나게 되었는데 이런 말을 했다.

"우리 가족들은 아직 교회에 나가진 않지만요, 지난번에 주신 찬양 음반을 들으면서 마음속에 하나님을 모시고 살아요."

그런 말을 들은 친구와 나는 신이나서 그 부인에게 복음을 전했다. 그 부인이 그 자리에서 예수님을 영접하기로 결단하진 않았지만 일단 복음의 씨앗이 뿌려져 있으니 오늘은 거기까지에 만족하고 그 부인과 헤어졌다. 그런데 친구와 함께 돌아오는 길에 그 부인이 전화를 했다.

"우리 가족들도 이제부터 교회에 다니고 싶은데요, 그냥 집 가까운 곳에 있는 아무 교회나 나가면 되나요?"

나는 깜짝 놀라서 물었다.

"이제부터 교회에 나가고 싶으시다구요? 아, 정말 듣던중 반가운 소식이네요! 잘 생각하셨어요."

옆자리에 앉아있던 친구가 그 말을 듣고 함께 기뻐하며 내게 말했다.

"제가 다니는 교회에 그분을 모시고 다니겠다고 전해 주세요."

루터가 말하기를 찬송은 신학 다음으로 중요하다고 했으며 그러기에 그는 설교중에도 늘 찬송을 많이 불렀다고 한다. 지난 주일에 어느 교회에 간증 찬양 집회를 하러 갔는데 수 천명이 모여 앉아 손벽을 치며 온 마음 다해 하나님을 찬양하는 모습을 보았을 때, 그 자체가 가장 아름다운 예배라는 생각이 들었다. 이처럼 찬양으로 하나님을 예배할 수 있는 인간의 특권은 다른 아무 피조물과도 비교할 수 없는 축복이다. 사실 인간 외에 새들도 노래할 수 있다. 그러나 과연 새들이 온 마음과 영혼을 다해 하나님을 찬양할 수 있을까?

나는 새가 되어보지 않아서 모르겠지만 찬양은 오직 하나님의 자녀들만이 누릴 수 있는 고귀하고도 소중한 축복이라고 생각한다. 또 우리가 하나님을 찬양할 때에 하나님과 주위 사람들, 그리고 우리 자신의 마음을 움직일 수 있다는 것도 놀라운 은총이다.

"밤중쯤 되어 바울과 실라가 기도하고 하나님을 찬미하매 죄수들이 듣더라. 간수가 등불을 달라고 하며 뛰어 들어가 무서워 떨며 바울과 실라 앞에 부복하고 저희를 데리고 나가 가로되 선생들아 내가 어떻게 하여야 구원을 얻으리이까 하거늘… 저희를 데리고 자기 집에 올라가서 음식을

차려주고 저와 온 집이 하나님을 믿었으므로 크게 기뻐하니라"(사도행전 16: 25, 29, 30, 34)

지혜가 부족할 때 

나는 지난주 내내 지혜로운 결정을 해야 할 필요를 절감했다.

'정말 이럴땐 어떻게 해야돼지?'

'이럴 땐 누구에게 조언을 얻어야 하나?'

'누가 자신의 유익을 구하지 않고 진정으로 날 위해서 이야기 해 줄 수 있을까?'

'가장 믿을 만 한 사람이 누구일까?'

생각하는 중에 내 마음 속에 이 말씀이 떠올랐다.

"너희 중에 누구든지 지혜가 부족하거든 후히 주시고 꾸짖지 아니하시는 하나님께 구하라. 그리하면 주시리라"(야고보서 1:5)

아무때나 지혜가 필요할 때 구하러 갈 수 있는 주님이 늘 내 곁에 계신다는 사실이 든든하게 느껴졌다. 그래서 나는 이렇게 기도했다.

"네. 하나님, 저 지금 지혜가 부족해요. 약속 하신대로 지금 제게 필요한 지혜를 주세요."

그렇게 기도한 후, 나는 스스로에게 말했다.

'그래, 이제 기도했으니까 약속대로 지혜를 주실거야. 이제 더 이상 염려하지 말고, 염려할 시간에 나는 기도만 하면 되는거야.'

그런 마음으로 기도하면서 한걸음 한걸음 문제에 접근했을때 마음이 침착해 졌고 여유로워졌다. 일의 결과야 어떻든 지금 내게 주시는 평안함에 감사했다.

그런 평안함 속에서 문득 오래 전의 경험이 떠올랐다. 그때 나는 내 힘으로 도저히 해결할수 없는 문제 때문에 아무것도 마음놓고 할 수가 없었고, 무슨 일을 하든지 그 생각 때문에 기를 펴고 살수 조차 없었다. 숨도 제대로 못 쉴만큼 나를 짓누르는 그 큰 바위 덩어리 같은 짐을 내 힘으로 도저히 옮길수 없다는 것을 깨달은 나는 모든 것을 제쳐놓고 산에 가서 3일 동안 하나님께 부르짖었다. 너무나도 부르짖으며 기도한 나머지 목이 쉬어서 더 이상 기도를 할 수 없었고, 밥을 먹지 못해 걸을 힘도 없는 상태가 되었다. 그런 상태에 이르자, 나는 그곳을 떠나고 싶은 심정으로 투덜거렸다.

'아니, 이럴때 우리 하나님은 어디 계시지? 3일동안 목이 터져라 부르짖으며 기도했는데도 하나님은 왜 내 기도에 응답해 주시지 않는걸까? 왜 날 외면하시지?'

하나님한테 서운하기도 하고 아쉽기도 한 감정을 가슴에 묻은 채 그대로 산에서 내려가기로 결심하고 주섬 주섬 가방을 챙기고 있었다. 그런데 문득, 책을 가방 속에 넣던 나의 손길이 멈추었다. 나의 가슴속에 선명한 한마디가 들려왔기 때문이다.

"의지하라!"

내가 그날 들은 말은 꼭 그 한마디 였다.

그러나 나는 그 순간 생각했다.

'아, 그렇구나…. 이 문제는 도저히 나의 힘으로 해결할 수 없는 문제이기에 나는 하나님을 의지할 수 밖에 없는 것이구나. 내가 다른 건 못해도 의지하는건 할 수 있을 것 같다….'

이런 생각으로 하나님께 곧 엎드렸다.

"네, 하나님. 이 문제를 해결하기 위해서 제가 몇 년동안 그렇게 몸부림 쳤어도 변한 게 없었습니다. 저도 이제는 지쳤습니다. 제가 이 문제를 해결하기 위해서 다른 아무것도 할수 없다는 것을 확실히 알았습니다. 두손 들고 주님께 나옵니다. 주님을 의지합니다. 하나님이 알아서 해주세요…."

그런 기도를 하고 산에서 내려오는 나의 어깨와 마음속에 커다란 돌덩어리가 굴러 내려가는 것처럼 느껴졌다. '이제부터 의지만 하면 된다' 하는 마음으로 산에서 내려와 다시 일상으로 돌아갔다.

지금 뒤돌아보니 그때 당장 문제가 해결되진 않았지만 하나님을 온전히 의지할 수 있도록 나의 마음을 정리시켜 주신 것이 너무나도 감사하다. 그 이후 몇 년이 지나서 하나님께서는 하나님의 때와 하나님의 방법으로 그 문제를 말끔하게 해결해 주셨고 오랫동안 매여있던 사슬에서 내게 자유와 해방을 주셨다. 때로는 이처럼 오랜 시간이 걸리기도 하고, 어떤 일은 나의 살아생전에 해결되지 못하는 문제들도 있을 것이다.

하지만 나는 주님을 의지하는것 만큼은 절대로 포기하지 않을 것이다. 이 세상 살아가면서 시행착오와 실수, 잘못된 선택을 수없이 반복하면서 나 자신이 얼마나 지혜가 부족한 사람인지 시시때때로 느끼며 살아간다. 그러기에 난 주님께서 주시는 지혜를 구하지 않고선 살아갈 수가 없다. 다행히도 하나님은 자신의 유익을 구하지도 않으시고, 변덕스럽지도 않으시고, 나의 지혜롭지 못함을 꾸짖거나 비웃지도 않으시고, 그냥 지혜를 구하면 주신다고 약속하셨으니 얼마나 다행인가!

세상에서 하나님보다 지혜로운 사람이 어디 있을까?

이 세상 모든 사람들의 지혜와 지식과 학식, 교양, 경험들을 다 합해도 천지를 지으시고 다스리시는 하나님의 지혜와 비교할 수 없을 것이다. 하나님은 그처럼 지혜로우시고 제한받지 않으시는 하나님이심을 알면서도 문득 문득 나의 제한된 두뇌와 작은 가슴으로 자꾸만 하나님을 제한하고 헤아리고 판단하려고 한다. 그리고 내 제한된 두뇌로 헤아릴수 없거나 좁은 가슴으로 이해할수 없으면 하나님을 신뢰하지 않고 주제 넘게 하나님의 능력까지 의심하는 나를 발견한다. 게다가 더욱 위험하고 어리석은 것은, 나의 지혜나 경험, 세상의 상식에 따라 일을 결정하려는 습성이 내 안에 있다는 것이다.

언제 어디서나 하나님의 지혜를 구할 수 있는 특권 주시고 또 하나님의 지혜를 값없이 선물로 주시겠다는데 왜 하나님의 은혜를 헛되이 하고 나의 잔머리를 굴리며 궁리하고 고민하고 후회하는 새행착오를 되풀이 할까?

그렇게 헛수고와 시간 낭비 하지 말고 아예 처음부터 일찌감치 내가 주인되었던 자리에서 내려앉아 하나님의 하나님되심과, 그분의 위대하심, 전지전능하심을 인정하며 그분께 내 마음의 보좌를 내어 드리는게 훨씬 지혜로운 길일텐데 말이다….

나의 자녀들도 언제까지나 내가 그들과 함께 살며, 가르치며 살 수는 없는 것이다. 자녀들이 나의 품을 떠나 이 세상을 지혜롭게 살아 갈 수 있고 홀로 서기를 잘 할 수 있도록 키워주는 것이 부모로서 자녀들을 가장 사랑하는 길이라고 믿는다. 그러기 위해서는 무엇보다도 자녀들이 하나님을 알도록 해 주고 그들이 언제 어디서나 하나님께 지혜를 구하는 습관을 키워 주어야 할 것을 다시금 깨닫게 된다. 하나님께 지혜를 구하는 기도를 하면서, 하나님 신뢰하기를 배워나갈 수 있도록 자녀들을 양육한다면 이 세상에서 좋은 학교, 좋은 학원, 과외 공부 시키는 것 보다 훨씬 더 그들을 사랑하는 길이 아닐까?

이제 여름도 가고 가을의 문턱에 서 있다. 우리 하나님은 어떻게 사계절을 만드시고 정확하게, 변함없이 다스리고 이끌어 나가실까? 어떻게 저 작은 새들이 알을 낳아 부화 할때 까지 품게 하시고, 그 작은 입으로 둥지가 무너지지 않도록 보수하고, 어린 새들이 둥지 밖으로 날아갈 수 있을 때까지 그들을 골고루 먹이며 돌볼 수 있는 지혜를 주셨을까? 오직 하나님의 능력과 지혜만이 이 모든 일들을 가능하게 한다는 것을 깨달으며 '주하나님, 지으신 모든 세계' 찬송을 조용히 불러본다. 이 찬양을 지은 칼 보버그는 비가 개인 오후의 초원과 호수를 보며 그 아름다운 자연을 창조하신 하나님께 경배와 찬양을 드리는 마음으로 이 찬송을 지었다고 한다. 찬송을 부르면서 나는 주님께 이렇게 고백했다.

"아 하나님, 이 놀라운 하나님의 지혜를, 구하는 자에게 후히 주신 다니 정말 감사합니다. 특히 저같이 지혜가 부족하고 어리석은 사람에겐 하나님의 그 약속이 더욱 큰 효과가 있습니다. 이 가을엔 하나님의 풍성한 지혜로 살아가기 원합니다. 저의 마음을 주님의 지혜로 채워가면서 한걸음 한걸음 살아가도록 인도해 주세요…."

"여호와를 경외하는 것이 지혜의 근본이요 거룩하신 자를 아는 것이 명철이니라" (잠언 9:10)

"친구를 주세요!"

사역때문에 늘 사람들과 함께 있다가 사역을 마치고 돌아와 혼자 있을 때는 외로움을 느낄 때가 있다. 그래서 얼마 전에 나는 이렇게 기도했다.

"아버지, 저요, 집에서 가까운 곳에 친구가 있으면 좋겠어요. 약속 없이도 문득 문득 외로울때 달려가서 함께 차 마시며 이야기 할수 있는 친구, 있는 모습 그대로 부담없이 만날수 있는 친구, 반찬이 없어도 전화하면 달려와서 허물없이 함께 점심 먹을 수 있는 친구, 때로는 여행도 함께 갈 수 있는 친구… 그런 친구 하나 소개시켜 주세요."

그렇게 기도는 했지만 그게 쉬울 것 같지는 않았다. 그래서 나는 속으로 이런 생각을 하기도 했다.

'나이가 어릴 때는 친구 사귀는게 쉬워도, 이제 와서 새로운 친구를 사귀기는 어려울거야. 오래전부터 가까이 지내던 친구들도 다들 가족들과 살기 바빠서 자주 못만나고, 미국에 있는 친구들은 너무 멀어서 자주 못만나는데 이제와서 어떻게 집에서 가까운 곳에 있는 그런 친구를 만날수 있단 말인가?'

그렇게 생각하며 그 기도를 더 이상 하지 않은채 흐지부지 잊어버렸다.

그런데 며칠 후에 우리 아파트 피트니스 센터에 운동을 하러 갔는데, 운동을 마치자 기다렸다는 듯이 어떤 여자분이 내게 다가와서 물었다.

"혹시… 〈하나님이 하셨어요!〉 저자, 정경주 사모님 아니세요?"

열심히 운동을 하느라 머리도 엉망이고, 화장기 하나 없이 땀에 흠뻑 젖어 있던 나는 독자에게 그런 모습을 들킨 것이 부끄러워 괜히 쭈뼛거리며 조심스레 대답했다.

"네… 그런데요…."

어차피 들켰으니 할수 없다는 마음으로 나는 그녀에게 꾸벅 인사를 했다.

그녀는 나의 말이 떨어지자 마자 자초지종을 털어놓았다.

"사실은요. 제가 덴마크에 여행을 갔는데요, 아는분 집에서 민박을 했거든요. 그런데 내가 자는 방 책꽂이에 〈하나님이 하셨어요!〉라는 책이 꽂혀 있는데 제목이 마음에 들어서 책을 꺼내 읽기 시작했죠. 온종일 관광 다니느라 엄청 피곤했지만 이틀 밤을 꼬박 새우며 그 책을 다 읽었어요. 귀국해서 인터넷에 들어가 "정경주"를 쳤더니 홈페이지가 나오더라구요. 우리 딸에게도 보여주고 책에서 읽은 이야기를 해 주었어요. 그런데 얼마 전에 우리 딸이 제게 말하는 거에요. '엄마, 저기 저분 인터넷에서 본 정경주 사모님같은데 설마 아니겠지?' 그래서 벼르다가 오늘 만난 김에 여쭈어 본 거에요. 설마 정경주 사모님이 우리와 같은 아파트에 살줄은 꿈에도 몰랐어요. 엄청 반갑네요."

그렇게 해서 나는 같은 아파트에 사는 그녀를 만나게 되었는데 거의 매일 저녁마다 피트니스 센터에서 만나 운동을 하며 이런 저런 이야기를 하다 보니 서로에 대해 더 깊이 알게 되었다.

우리의 관심사도 비슷하고 연령도 비슷하고, 취미도 비슷하고, 무엇보다 그녀가 하나님을 사랑하는 기독교인이라서 더욱 가까워지게 되었다.

그러던 어느날 우리는 둘다 여행을 무척 좋아한다는 것을 알게 되어 같이 여행을 가기로 계획했다.

여행길에서 우리는 아름다운 자연 환경을 보며 그 놀라운 것들을 창조하신 하나님께 감사 찬송도 부르는 등, 잊을수 없는 추억들이 차곡 차곡 쌓여갔다. 한번은 길을 잃었는데 우리 둘다 길치라는 걸 발견하고는 깜깜한 밤중에 길에 서서 둘이서 한참 배를 잡고 웃었다. 어쩌면 그런 것 까지 그렇게 닮았느냐고, 한사람 만이라도 좀 나았으면 좋을텐데….

그녀와 나는 여행 내내 며칠 동안 지칠 줄 모르고 하나님 이야기, 신앙 체험 이야기, 자식들과 남편 이야기, 남은 삶을 어떻게 살아야 할지에 대한 이야기… 정말 만난지 얼마 되지는 않았지만 여자의 일생에 관련된 여러 분야의 이야기를 하면서 서로의 마음과 생각이 남남끼리 어쩌면 그렇게 잘 통할수 있는지에 놀랐다. 여행을 마치기 전날 밤에 나는 친구에게 말했다.

"사실 전에 대항항공 승무원을 할때는 근무때문에 외국 여행을 많이 했고, 요즘은 간증 찬양 집회때문에 해외를 자주 나가지만 일에 대한 책임감과 부담없이 이렇게 친구와 단둘이 여행을 즐긴 것은 이번이 처음이에요. 이렇게 함께 해 주어서 너무 고마워요."

그 말을 들은 그 친구는 깜짝 놀라며 그게 정말이냐고 물었다. 그리고는 내 손을 잡고 이렇게 말했다.

"지금까지 그렇게 열심히 하나님 섬겼으니까 하나님께서 중간 중간에 쉬기도 하라고 이런 기회를 주시는거라는 생각이 드네요. 하나님의 축복을 마음껏 누리세요."

우리는 흰눈이 소복히 쌓인 길을 혹시라도 넘어질까봐 서로를 의지하며 함께 걸었다.

그러던 어느날 아파트 피트니스 센터에서 만나게 되었는데 그녀가 내게 물었다.

"우리요, 사모님, 권사님, 그렇게 부르는 것 보다 친구니까 서로 이름을 부르는게 편할 것 같은데 어떻게 생각해요?"

"좋아요. 그렇게 하죠."

“네, 그렇게 해요.”

그렇게 해서 그 친구와 나는 나이 먹은 이후에 처음으로 서로 이름을 부르고 지내는 친구가 되었다. 정말 같은 아파트에 살면서 거의 매일 함께 운동하고, 하루에 있었던 이야기나 가정사를 나누고, 아무때나 서로 편할 때 만나서 우리가 좋아하는 청국장이나 콩나물 국밥을 함께 먹곤 했다. 때로는 점심을 먹고 난후 공원을 한바퀴 돌면서 산책도 하고… 그런 친구를 만나기가 쉽지 않았을텐데… 어느 날 주님께서 문득 내 마음속에 깨닫게 해 주셨다.

“네가 외롭다고 집에서 가까운 곳에 아무때나 만날수 있는 좋은 친구를 소개해 달라고 해서 내가 그 친구를 소개시켜 주었는데… 어떠냐? 마음에 드냐?”

“네, 아버지 정말 그러네요. 감사합니다. 꼭 제가 찾던 친구를, 더구나 가장 가까운 같은 아파트에서 만나게 해 주셔서요….”

어제는 모처럼 시간이 나서 공원에 산책을 나갔다.

한참을 걷다가 공원 도서실에 들어갔는데 마침 그 친구가 그날 도서실에서 봉사하는 날이었다. 도서실 안에 들어서니 반갑게 나를 맞아 주었다. 친구는 따뜻한 차와 함께 집에서 구워온 군고구마를 난로에 얹어 데워 주면서 내게 이야기 했다.

“그러지 않아도 오면 함께 먹으려고 집에서 고구마를 구워 왔거든요. 어제 밤에 피트니스 센터에서 만났을 때 오늘 시간이 되면 도서실에 들르겠다고 해서 이제나 저제나 하고 기다렸어요….”

추운 날씨에 공원을 걷다가 차거워진 몸에 김이 무럭무럭 나는 뜨거운 군고구마를 먹으니 친구의 따뜻한 우정이 온 몸에 더욱 따뜻한 온기로 느껴졌다. 그날 나는 도서실에서 책을 보며 친구가 봉사를 마칠 때까지 기다렸다가 집 근처에 있는 콩나물 국밥집에 들어가 뜨끈 뜨끈한 콩나물 국밥을 함께 먹었다. 우리의 마음까지 따뜻해지는 저녁이었다.

나는 그 친구를 내게 주신 하나님께 감사드리며 이런 생각을 했다.

'하나님 앞에 나아갈 때 좀 더 솔직하고 단순해져야 겠다. 어떤 이론이나 나의 판단에 합당한 믿음이 아니라, 어린아이 같은 단순한 믿음으로 하나님을 의지할 때 하나님께서 책임감을 느끼시며 이렇게 좋은 친구를 주셨잖아….'

키에르케고르가 말하기를 "염려는 죽음에 이르는 병"이라고 했는데 나도 가끔 염려라는 병에 걸린 것 같다는 생각을 한다. 그래서 나는 이 증상이 나타날때 마다 성경말씀을 암송한다.

"너희중에 누가 염려함으로 그 키를 한자나 더할수 있느냐?"(마태복음 6:27)

"아무것도 염려하지 말고 오직 기도와 간구로 너희 구할 것을 감사함으로 하나님께 아뢰라. 그리하면 모든 지각에 뛰어나신 하나님의 평강이 우리의 마음과 생각을 지키시리라"(빌립보서 4:6-7)

어린아이는 두려울 때나 도움이 필요할때, 자기가 스스로 염려하지도 않고, 혹은 어떤 격식이나 형식을 갖추지 않고 단순하게 엄마를 부른다. 그게 바로 기도라는 생각이 든다.

기도는 이처럼 어려운 것이 아니라 너무나도 자연스러운 마음의 표현인 것이다. 기도는 우리와 하나님과의 관계를 직결해 주는 탯줄이며 이렇게 하나님과 나 사이가 연결되어 있는 한, 하나님의 초 자연적인 권세와 능력이 제한 없이 나의 삶에 계속 공급되는 삶을 살 수 있을 것이다.

기도가 어렵게 느껴지는 이유중 하나는 하나님의 하나님 되심을 이해하지 못하는 데 있는 게 아닐까? 내 생각, 내 이론, 내 판단에 들어맞지 않으면 기도하면서도 계속 의심하고 걱정하게 된다.

"자기 아들을 아끼지 아니 하시고 우리 모든 사람을 위하여 내어주신 이가 어찌 그 아들과 함께 모든 것을 우리에게 주지 아니하시겠느냐?"(로마서 8:32)

이 말씀대로 하나님께서는 정말 관대하신 분이신데 나의 마음 그릇이 너무 작아서 그렇게 크고 관대하신 하나님을 이해하지 못하는 것이다. 내가 이해할 수 없다고 믿지 못하고 걱정 근심으로 가득해서 살아가는 때가 얼마나 많은가?

그런데 그동안 내가 체험한 하나님은, 정말 마지못해 주시는 분이 아니라, 기쁘게, 관대하게 나의 모든 필요를 아시고 채워 주시는 분이시다. 하나님은, 크고 위대하신 전능자이시며 나의 창조자이시기도 하지만 나의 아빠이시다. 아바는 유대 어린이들이 아버지를 부르는 말로, 우리나라 말로 아빠와 동등한데 나도 이렇게 어린아이처럼 친근하게 하나님 앞에 나아갈 수 있다는게 얼마나 놀라운 특권인가!

어떤 기교나 형식을 요구하는 관계가 아니라 따뜻하고 친숙한 관계… 이처럼 어린아이 같은 기도는 지성이나 의지, 이해를 떠나서 간결하면서도 단순한, 진실한 마음의 표현인 것이다.

마틴 루터는 이렇게 말했다.

"기도의 제일 법칙은 하나님께 거짓말을 하지 않는 것이다."

간단하지만 얼마나 옳은 말인지. 나는 이 말을 들은 이후 기도할 때 지금 내가 하나님 앞에 거짓말을 하고 있지 않은지 점검해 보곤 한다. 어린아이처럼 단순하고 정직하게 기도하기 원하는 마음으로….

"너희중에 누가 아들이 떡을 달라 하면 돌을 주며 생선을 달라 하면 뱀을 줄 사람이 있겠느냐 너희가 악한 자라도 좋은 것으로 자식에게 줄줄 알거든 하물며 하늘에 계신 너희 아버지께서 구하는 자에게 좋은 것으로 주시지 않겠느냐"(마태복음 7:11)

가정

5월 들어 첫 주, 요즘 어디를 가나 주위가 그렇게 아름다울 수가 없다. 아름다운 꽃과 나무들이 하늘을 향해 손과 얼굴을 들고 자기네들을 그처럼 아름답게 창조해 주신 하나님께 손뼉치는것 같다. 그런 모습을 볼 때 마다 나의 마음속에서도, 살아계셔서 이 모든 것들을 다스리시고 돌보시는 하나님께 감사와 찬양을 드리곤 한다.

이런 아름다운 자연 환경 속에서 가족들이 함께 자전거를 타는 모습, 손 잡고 대화를 나누며 산책길을 걷는 모습, 아버지와 아들이 함께 연을 날리는 모습등… 행복한 사람들이 사는 세상이 그 무엇보다 아름다운 세상이라는 것을 느끼며 문득 우리 아이들이 자랄 때 행복했던 시간들을 회상해 본다.

아침이 되면 젖 달라고 보채는 아기의 울음소리에서부터 하루가 시작되고, 젖을 먹이며 찬송을 불러주는 엄마의 노래 소리에 행복하게 응답하는 아기의 옹아리 소리…, 두 아이들 장난감가지고 함께 노는 소리, 아기들을 낮잠재우며 불러주는 엄마의 자장가 소리, 작은 발로 통통거리며 온 집안을 뛰어 다니던 소리, 아이들 둘이서 놀면서 깔깔거리던 웃음소리…,

어느덧 자라서 처음으로 유치원에 입학하던 날, 그 아이들이 고등학교를 졸업하고 미국 대학으로 떠나던 날등, 이 모든 날들의 행복했던 순간들이 필름처럼 스쳐간다. 그런데 아이들이 그렇게 집을 떠나자, 더 이상 아이들의 행복한 웃음소리가 들리지 않았고, 집안은 텅빈 둥지처럼 고요해 졌다.

아이들과 북적거리며 살때가 너무나도 그리워진다. 역시 여자의 일생에서 아이들을 키울 때가 가장 행복했던 때라는 생각이 든다. 지금 돌아보니, 그 때 비록 가난했고 엄마로서 부족한 점이 많았지만, 그 아이들이 날 필요로 할때 곁에 있어 주었던 것만으로도 위로를 받는다. 아이들이 내 품에 있을 때, 내게 있는 모든 정성과 사랑을 다해 그들을 사랑해 주고, 기도해 주고, 축복해 주며, 아이들과 함께하는 행복한 시간들을 가질 수 있었던게 얼마나 다행스럽고 감사한지….

　요즘 상담을 하다 보면 가정에서 따뜻한 사랑을 느끼지 못하고 자랐거나, 부모의 불화, 혹은 돈 벌기에 시간을 쏟으며 대화 없이 메마르게 살아왔던 외로운 가정, 분리 불안, 극심한 스트레스 등을 느끼며 살아왔던 가정에서부터 문제가 발생되는 경우가 많다. 상담을 하러 오는 대부분의 내담자들이 어렸을때 가정에서 상처를 받고 자란 분들이나, 혹은 현재 어두운 가정에서 힘들게 살아가는 분들인 것을 볼 때, 가정이 우리의 삶에 얼마나 중대한 부분을 차지하는지를 실감하게 한다.

　가정은 하나님께서 우리게 맡겨주신 영역에서 가장 소중하게 돌보고 가꾸어야 하는 곳이 아닐까?

　아무리 아름다운 꽃과 나무도, 심고 가꾸어야 아름다운 열매를 맺게 되는 것처럼 행복한 가정도 저절로 이루어 지는 것이 아니라, 정성과 사랑으로 가꾸고 돌보아야만 아름다운 열매를 맺게 되는 것이다.

　전에 미국에서 살때 미국 법원에서 영어와 한국어 법원 지정 통역인으로 근무 할 때가 있었다. 그때 한국 청소년들이 여러가지 문제들로 법원에 오게 되었는데, 부모앞에서 발목에 쇠고리를 차고 법정에 서있는 그들의 모습을 볼 때 내 마음이 얼마나 섬뜻하고 아팠는지 모른다.

　'내 마음이 이렇게 아픈데, 저 부모의 심정이 어떨까?'

생각하니 더욱 가슴이 아팠다. 그런데 놀랍게도 법정에 와서까지 부모와 자녀들이 증오하고 다투며 서로 눈을 마주치지 않는 모습을 볼 때, 정말 이 같은 비극이 세상에 또 없을 것이라는 생각이 들어 기도하는 마음으로 통역을 하곤 했었다. 그들의 이야기를 들어보면 물질적으로는 풍족하지만 각자가 자기의 삶에 바빠서 서로 대화도 없고 끈끈한 가족의 사랑이 없이 삭막하게 살아온 가정임을 알수 있었다.

부모들은 자녀들의 미래와 교육을 위해서 미국에 이민 왔다고 했지만, 막상 미국에 와서 아이들을 탁아소나 베이비 시터에게 맡기고 새벽부터 밤중까지 돈을 벌기 위해서 쫓기듯한 생활을 해왔다. 돈 벌어서 집사고 자동차 사고, 남부럽지 않게 살만할 때 '이만하면 됐지' 하고 아이들을 돌아보니, 아이들은 벌써 삐뚤어 자라있고 다시 키울수 없게 되었다. 그때는 이미 부모와 자녀들 사이에 큰 거리감이 형성되어 있고, 서로 상처와 외로움을 안고 증오하며 살아가는 가정들이 많았다.

요즘 우리나라도 점점 그런 추세로 되어 가는게 아닌가 안타까운 마음이다. 엄마 아빠는 돈 버느라고 너무 바쁘고, 아이들은 아이들 대로 학교 끝나면 여기 저기 학원을 옮겨 다니며 정신없이 하루가 가고…. 집에 돌아오면 하루의 피로와 스트래스가 쌓이고 다음날 해야할 일을 준비하느라고 서로 마음 열고 대화하는 시간도 없이 바쁘게 살아가는 모습을 본다.

서로에게 관심을 가지고 도움이 되어주려고 애쓰는 따뜻한 가정,

다른 사람들은 나의 실수를 비판하고 비웃는다 해도 내 가족만큼은 나를 품어 줄 것이라는 안도감을 느끼는 가정이 참으로 아쉬운 시대이다.

우리의 가정이, 쉬고 싶을 때 집에 들어가면 쉴 수 있는 편안함을 느끼는 가정, 가족들과 하나가 되어 있다는 일체감을 느끼는 가정, 나는 내 가정에서 없어서는 안될 꼭 필요하고 소중한 사람이라는 존재감을 느끼는 가정이었으면 좋겠다. 나의 최선을 바라며 늘 나의 가는 길을 지원해주는 가정, 그리고 우리 모두 함께 하나님 나라의 확장을 위해 부르심을 받은 믿음의 가정이 되었으면 좋겠다….

"여호와를 경외하며 그 계명을 크게 즐거워하는 자는 복이 있도다. 그 후손이 땅에서 강성함이여 정직자의 후대가 복이 있으리로다. 부요와 재물이 그 집에 있음이여 그 의가 영원히 있으리로다."(시 112:1-3)

핑크색 스웨터

미국에 있는 아들이 어느 날 전화를 했다.

"엄마, 저 결혼하고 싶은 여자친구를 만났어요. 그런데 그 여자친구가 양가 부모님의 허락을 받고 난 후, 결혼을 전제로 데이트를 시작하겠다고 해요. 저도 의미 없는 데이트는 하고 싶지 않구요, 부모님께서 그 여자친구를 만나신 후에 부모님의 허락을 받고 데이트하고 싶어요…."

　아들은 여자친구의 사진을 이메일로 보내 주면서 그 여자친구가 자라온 배경을 이야기해 주었다.

　나는 그때부터 기도하기 시작했다.

"하나님, 아들이 그 동안 아무하고도 데이트 한번 안하더니 이제 결혼하고 싶은 여자 친구를 만났다고 합니다. 그런데 그 여자친구가 자랄 때 상처를 많이 받았다니 왠지 염려가 되네요. 그러나 아들과 그 여자친구에게 저의 편견이나 인간적인 생각 때문에 부정적인 영향력이나 상처를 주고 싶진 않습니다. 아들이 그 여자친구와 결혼하는 것이 하나님 아버지 보시기에 합당하시며, 그들에게 최선이라고 여기신다면, 제발 저의 마음에도 하나님께서 주시는 확신과 평안으로 채워 주세요."

　그러던 어느 날, 하나님께서 내 마음에 놀라운 평안을 주셨다.

　그것도 내가 생각지도 못했던 방법으로….

"내가 그 아들을 얼마나 사랑하는지 잘 알지? 그런데 그렇게 사랑하는 아들에게 중대한 결혼 문제에 있어서 실족하도록 내버려 두겠니? 너보다 내가 더 그 아이들을 사랑한단다. 그리고 그들의 미래를 너보다 내가 더 잘 알고, 그들을 최선의 길로 인도해 줄 능력이 내게 있단다. 그 아들은 내가 택한 종이다. 그러니 너는 이제 그만 염려하고 나를 신뢰하며 그 아들의 삶을 내게 맡기지 않겠니?"

　그런 마음을 주신 얼마 후에 또 다시 말씀 하셨다.

"이제껏 그 아들이 온 마음으로 나를 순종하며 섬겨왔다. 그리고 그 아들이 허탄한 짓 하는 걸 보았니? 얼마나 생각이 깊은 아이냐? 그 동안 그가 살아온 모습을 보면 그의 가치관과 판단력을 신뢰할 수 있지 않겠니? 나를 신뢰해라. 그리고 그 아들의 가치관과 판단력을 믿어 주어라."

하나님의 음성을 들은 나는 하루라도 빨리 아들의 마음을 편안하게 해 주고 싶어서 전화를 했다.

"지난번에 통화하고 난 이후부터 계속 기도했는데 하나님께서 확신과 평안을 주셨어. 하나님께서 내가 너를 사랑하는 것 보다 훨씬 더 너를 사랑하시고, 또 너의 미래를 가장 잘 아시기에 최선의 길로 너를 인도하실 것이라고 내게 확신 주셨어. 그래서 난 너의 삶을 인도하시는 하나님을 신뢰하고 너의 가치관과 판단력을 믿기로 했어. 엄마가 곧 가겠지만 너의 마음을 기쁘게 해 주고 싶어서 먼저 전화부터 한거야…."

조용히 나의 말을 듣고 있던 아들이 응답했다.

"엄마, 절 믿어 주셔서 감사해요. 미국에 오시면 뵐게요. 빨리 보고 싶어요…."

나는 우리 모두의 마음을 하나님의 기뻐하시는 뜻과 일치되게 해 주시라고 기도하며 미국에 가서 아들과 그의 여자친구를 만나기로 결심했다.

그런데 미국에 갈 날이 가까워 오자 내 마음 속에 또다시 인간적인 염려와 두려움이 머리를 들고 일어났다. 많은 생각들이 엉켜서 나의 마음을 혼란스럽게 했다.

'그동안 상담을 통해서 경험했듯이, 어려서 상처받은 사람들이 상처를 치유 받지 못하고 자라면 성인이 되어서 가장 가까운 가족들에게까지 상처를 주는 경우가 많던데…. 그 여자친구가 앞으로 목사 남편의 사역에 좋은 동반자가 될수 있을까?'

그런 인간적인 선입견과 염려가 나의 마음을 두렵게 했다.

반면에 이런 생각도 들었다.

'내 주위에 많은 자녀들이 부모가 결혼을 반대해도 결국 결혼하는 것을 보았다. 그런데 부모가 그들의 결혼을 반대했기 때문에 그로 인한 상처로 인해서 결혼 후에도 부모 자식과 고부간에 두고 두고 사이가 안좋은 것을 보아 왔다. 이 세상에 자식 이기는 부모가 없다고 하지 않는가? 어차피 그들이 결혼을 할거라면 처음부터 기쁘게 해주고 축복해 주어야 할텐데…. 아들의 여자친구를 만났을 때 혹시라도 내 마음속에 있는 염려들이 표출되어서 그 아이에게 상처를 주게 되면 어쩌지?"

이런 저런 생각들이 내 마음을 무겁게 짓눌렀다.

그러기에 내 마음속에 어떤 확고한 결단 없이 그들을 만났다가는 나의 이런 인간적인 생각과 선입견으로 인해 그들을 사랑하시는 하나님의 마음을 아프게 해드리거나, 혹은 그들의 마음에 상처를 주게 될까봐 걱정이 앞섰다. 그런 결과를 미연에 방지하기 위해서 나는 기도하며 하나님께 지혜를 간구했다.

마침내 어느날 내 나름대로 실질적인 해결 방법에 도달했다. 그래서 나는 일단 마음 속에 떠오른 해결 방법을 글로 정리해서 외우다시피 마음속에 입력해 놓았다.

　*미국에 가서 아들의 여자친구를 만날때 꼭 기억해야 할 것들.
　첫째, 서로에게 유익함이 되지않는 말은 입 밖에도 내지 말것
　둘째, 항상 미소 지을 것
　셋째, 무조건 많이 안아줄 것
　넷째, 혹시 부정적인 생각이 떠오를 때는 말을 하는 대신
　　　　주님 발앞에 엎드려서 잠잠히 기도할 것
　다섯째, 아들의 여자친구가 사랑을 느낄 수 있는
　　　　특별한 선물을 준비할 것"

　우리 부부가 미국에 도착했을 때 아들이 여자친구를 데리고 왔다. 솔직히 처음엔 어색한 포옹으로 아들의 여자친구를 맞이했다.

　두 번째 만났을 때도 계속 나 자신과의 다섯가지 약속을 상기하며 애써 미소 짓고, 말도 조심스럽게 하고, 눈치를 보며 의무적으로 행동했다.

　세 번째 만났을 때 아들의 여자친구와 나는 함께 슈퍼마켓에 가서 장을 보며 추수 감사절 만찬을 준비했다. 함께 다니는 동안 아들의 여자친구는 "어머니, 어머니" 하면서 나를 무척 따랐고 자동차에서 내려 슈퍼마켓에 들어가는 짧은 순간에도 내 팔짱을 끼고 걸으며 내게 가까이 다가왔다. 그렇게 함께 시간을 보내면서, 아들과 다닐때 느낄수 없었던 여성들끼리만의 섬세함과 다정함을 느끼면서 우리는 상당히 가까워졌다. 그런 과정에서 나의 염려도 조금씩 녹아

지기 시작했다. 아들의 여자친구는 하나님을 무척 사랑하는 아이였다. 나는 속으로 '아들이 꼭 자기 같은 여자친구를 골랐구나' 생각하며 함께 음식 장만을 하는데, 마치 그 아이의 엄마가 된 듯한 느낌이었다.

그날 오후였다. 아들의 여자친구는 자기 집으로 돌아갔고, 아들은 아빠와 함께 거실에서 이야기하고 있었다. 나는 시차 때문에 졸음이 쏟아져서 방에 들어가 비몽사몽한 상태로 누워 있었다.

그런데 아들과 아빠가 무심코 하던 말에 내 귀가 번쩍 띄었다. 그 이야기를 듣는 순간 나도 모르게 침대에서 벌떡 일어나 거실로 가서 내가 들은 말을 다시 확인했다.

그 이야기는 이런 내용이었다. 아들의 여자 친구는 한국 아이인데 미국 이름으로 불리우고 있었다. 그래서 나는 그 아이의 이름을 미국 이름으로만 알고 있었다. 그런데 그날 아들이 아빠에게 하는 말이, 그 여자친구의 부모님은 두분 다 한국인이기 때문에 집에서는 한국말을 하고, 그 여자친구의 이름도 집에서는 한국 이름인 "한나"로 부른다고 했다. 그말을 들은 나는 가족들 앞에서 흥분하며 말했다.

"나도 앞으로는 그 애를 '한나'라고 부를 거야. 하나님께서 내 마음에 깨닫게 하신것이 있거든…."

아들이 물었다.

"뭘 깨달으셨는데요?"

"사실은 말야, 내가 널 임신했을 때 아빠가 신학 대학원에 다니고 계셨거든? 근데 아빠가 학교에서 집에 돌아오시면 꼭 나보고 입을 열라고 하고선 내 입 속에 대고 '한나야! 잘 있었니? 아빠야, 아빠.' 라고 말씀하셨단다. 우린 그때 네가 딸인줄 알았거든…. 그래서 아빠와 나는 너의 태명을 '한나' 라고 지어주고는 너를 한나라고 불렀었지."

아들은 웃으면서 물었다.

"저를 한나라고 불렀었다구요? 왜요?"

"음, 솔직히 말하자면 말이야…, 첫 아이가 아들이었기 때문에 둘째 아이는 딸이기를 바랬었나봐…. 그래서인지 무의식중에 네가 딸일거라고 생각하면서 태어날 아기를 '한나' 라고 부르자고 우리끼리 합의하고 그렇게 불렀었지. 그런데 오늘 네가 하는 말을 들으면서 하나님께서 그 때 딸을 안주시고 아들인 너를 주시더니, 드디어 '한나'라는 딸을 내게 주신게 아닌가 생각 했어."

내 마음의 벽이 녹아지니 비로서 긍정적인 생각이 들기 시작했다. 온갖 어려움을 극복하고 하나님 손 잡고 여기까지 와준 한나가 자랑스럽게 여겨졌다.

한나는 무엇이든지 내게 먼저 물으며 했고, 자동차를 탈 때나 길을 갈 때도 꼭 내 곁에 있었다. 전에는 가족들이 함께 할 때면 두 아들과 남편 사이에서 나만 여자였고 그들과 나의 관심사도 달라서 외로웠었다. 그런데, 추수감사절 휴가를 받아 뉴욕에서 온 큰 아들과 작은 아들, 남편, 이 세 남자들 사이에서 이제 내게도 여성 동지가 생겨서 뿌듯했다.

한나와 나는 슈퍼마켓에 가서 예쁜 꽃과 향초를 골랐다.

집에 돌아와서 추수감사절 디너 테이블을 함께 장식했다. 전에는 이런 일들을 나 혼자서 묵묵히 했었는데 한나와 함께 서로의 의견을 주고 받으면서 준비를 하니 한결 즐거웠다. 이런 모습을 지켜보던 남편과 큰아들, 작은아들, 세 남자들이 짓궂은 웃음을 지으며 우리를 질투하는 듯 했다.

"아니, 맛있는 음식만 있어도 되는걸, 꽃과 향초가 왜 필요해? 여자들은 참 이상해. 그치?" 하면서….

한나와 내가 남자들과 달리 이렇게 사소한 것들을 가지고 행복해 하는 모습이 이 세 남자들에게는 감이 안가는 모양이었다.

다음날엔 한나와 함께 가족들이 좋아하는 특별한 음식을 만들었다. 터키와 햄을 굽고, 단호박 파이, 옥수수, 그린 빈스(Green beans), 애플 사이더, 폭립, 불고기, 떡볶이, 김밥, 잡채등…. 남편과 큰아들, 작은아들, 그리고 새로 우리 가족으로 들어올 한나가 좋아하는 음식들을 총동원 하다보니 이렇게 한식과 양식이 짬뽕이 되어 버렸지만, 음식들이 한상 가득하게 차려지니 마음까지 더욱 풍요로워 졌다. 물론 푸짐한 음식으로 가족들과 함께 나누는 기쁨도 컸지만 나는 새로 얻게 된 한나에게 앞으로 그의 남편이 될 사람이 좋아하는 음식을 어떻게 만드는 것인지 가르쳐 주고도 싶었다. 그리고 함께 준비하는 기쁨도 나누고 싶었고….

추수감사절을 지내고 아들의 집을 떠나는 날이었다.

나는 떠나기 전에 이 새로 얻은 딸 한나에게 아주 특별한 선물을 주고 싶었다. 그런 나의 생각속에 문득 아들이 태어나기 전에 병원에 가지고 갔던 핑크색 여자 아기 옷이 떠올랐다. 지금 생각하면 왜 그렇게도 딸을 낳을 줄 믿고 있었는지, 아기를 낳기 위해 병원에 갈 때 가방 속에 예쁜 핑크색 여자 아기 옷을 준비해 가지고 갔었다. 아기가 태어나면 입히기 위해서 였다. 그런데 아기가 태어났을 때 의사가 하는 말이 "It's a boy!" (아들입니다!) 였다.

그 때 나도 모르게 눈물이 주르르 흘렀다. 아기를 낳은 후 분만실에서 회복실로 옮겨져 가방 속에서 내 잠옷을 꺼내는데 핑크색 여자아기 옷이 또 눈에 들어왔다. 그때 나도 모르게 또 눈물이 흘렀다. 회복실에서 사흘을 지내고 퇴원을 해서 집에 돌아갔다. 가방을 푸는데 가방 속에 있던 그 핑크색 여자아기 옷이 눈에 띄자 또 눈물이 흘러 내렸다. 그렇게도 기다리던 딸 대신 아들을 낳고 세 번째 흘린 눈물이었다. 나는 더 이상 울지 않으리라 결심하고 그 핑크색 아기 옷을, 딸을 낳은 다른 친구에게 얼른 갖다 주었다.

그때 그 핑크색 아기 옷의 에피소드가 생각나면서 문득 한나에게 예쁜 핑크색 옷을 사주고 싶은 마음이 들었다. 그 지역에서 가장 큰 쇼핑몰에 가서 모든 백화점을 다 돌아 보았다. 혹시라도 더 좋은것, 더 예쁜것이 있을까 해서다. 그런데 맨 처음에 본 예쁜 핑크색 캐시미어 스웨터가 가장 마음에 들었기에 지친 발걸음을 끌고 다시 처음 들어갔던 백화점으로 돌아갔다. 그 백화점은 그곳에 있는 쇼핑몰에서 가장 고급 백화점이라서 가격도 무척 비쌌고, 고급 백화점이라는 자존심때문인지 세일도 하지 않았다.

다른 백화점에서 세일하는 캐시미어 스웨터를 보긴 했지만 처음에 본 핑크색 캐시미어 스웨터만큼 예쁘지 않았다. 그래서 나는 한나를 기쁘게 해 주고 싶은 일념으로 다시 맨처음에 보았던 백화점으로 돌아가서 그 고가의 핑크색 캐시미어 스웨터를 샀다. 사실 나도 입고 싶어서 만지작 거리다가 결국 한나에게 줄 스웨터 한 개만 샀다. 스웨터를 사 가지고 나와 쇼핑몰 벤치에 앉았다. 그리고 카드에 이런 글을 썼다.

"한나, 우리 가족이 돼 주어서 정말 고마워, 사랑해!"라고.

그렇게 준비한 선물을 한나가 학교에서 돌아오면 전해 달라고 아들에게 맡기고 우리는 콜로라도주를 떠나 피닉스로 갔다. 피닉스에는 남편의 가족들이 살고 계시기에 미국에 가면 꼭 들르는 곳이다. 그런데 피닉스에 도착하자 한나에게서 전화가 왔다.

"사실은요, 오늘 저녁에 교회 갈 때 입으려고 제게 있던 캐시미어 스웨터를 세탁소에 맡겼거든요. 그런데 조금 전에 찾으러 갔더니 세탁소의 실수로 스웨터가 완전히 망가져서 못입게 되었더라구요. 너무 속상해서 울고 싶었어요…. 그런데 집에 와서 어머니가 놓고가신 선물 상자를 열어보았더니 예쁜 캐시미어 스웨터가 들어있지 않겠어요? 하나님께서 세탁소에서 망가트린 제 스웨터대신 어머니를 통해서 새 스웨터를 선물로 주신게 분명해요. 그런데 너무 놀랍고 신기한 것은요, 세탁소에서 망가트린 제 스웨터도 핑크색 캐시미어 스웨터라는 거에요. 어머니가 선물로 주신 스웨터엔 어깨에 단추가 달려있고, 망가진 제 스웨터에는 단추가 없다는것 외에는 정말 똑같아요….”

그 말을 들으며 나는 마음속으로 기도했다.

“하나님께서 앞으로도 한나의 아픔과 상처를 이렇게 차근 차근 치유해 주시기를….”

“여호와께서 내게 관계된 것을 완전케 하실지라”(시편 138:8)

하나님 역시 살아 계시군요! 

한동안 나의 삶 속에 어려운 일들이 해결이 안되고 계속 기다리다 보니 나의 영혼이 지쳐 있었다.

‘하나님께서 왜 이렇게 내 기도를 안 들어주시나?’

의아하게 생각도 해보다가, 또 어떤 날은 ‘그래도 무조건 하나님 의지하고 계속 기도하는 길 밖에 다른 길은 없다’는 생각도 하면서 말 그대로 무작정 기도하고 있었다.

하두 마음이 곤고해서 어느 날 아침 일찍 공원으로 달려 나갔다. 공원 숲 속을 걸으면서 하나님께서 지금 내 기도를 듣고 계신지, 안 듣고 계신지, 아무런 감각 없이 하나님한테 마음속에 있는 것들을 독백처럼 하나하나 쏟아 놓기 시작했다. 허공에 대고 하는 듯한 기도를 마치고 힘없이 집으로 돌아오는데 전화벨이 울렸다.

미국에서 온 국제전화 였다. 그 전화를 받은 나는 "하나님, 역시 살아 계시군요!" 라고 말하고는 큰 소리로 웃기 시작했다. 너무나 속이 시원하고 통쾌하니까 나도 모르게 배속에서부터 웃음이 터져 나왔다. 아마 지나가는 사람들이 그런 나를 보았다면 실성한 여자인 줄 알았을 것이다.

미국에서 전화를 한 남편은 내게 이런 이야기를 들려 주었다.

큰 아들이 응급실 의사 실습훈련을 받기 위해서 콜로라도 주에서 한달 동안 교육을 받고 있었는데, 그 실습 과정을 마치고 집으로 돌아가는 길에 아빠에게 전화를 했더란다.

그런데 큰 아들이 아빠에게 하는 말이, 실습 기간 마지막 일주일 동안 응급실에 술 취한 사람들이 너무 많이 와서 아무래도 자기처럼 마음이 여린 사람은 응급실 의사가 안 맞을 것 같아서 앞으로 선택해야할 진로에 대해 다시 생각해 보았다고 한다.

그동안의 실습 과정을 뒤돌아 보면서 어떤 과에서 실습했을 때가 가장 즐겁게 잘 할수 있었던지 기억을 더듬어 보았더니, 소아과에서 어린이들을 돌볼 때가 가장 마음이 편안하고 행복했다는 것이었다. 그래서 결국 자신이 선택할 진로를 응급실 의사에서 소아과 의사로 바꾸기로 했다는 것이다.

그 이야기는 곤고했던 나의 영혼에 큰 기쁨과 활력을 불어넣어 주었다. 아들이 진로를 바꾼 것에 대해 왜 내가 그처럼 기뻐했는지 그 이유는 다음과 같다.

한달 전에 나는 검사를 받기 위해서 병원엘 갔는데 의사가 진료를 마친 후 내게 물었다. 그 의사는 나의 간증책도 읽었고 또 그동안 우리 가족들을 진료해 왔기 때문에 우리 가정에 대해 잘 알고 있는 분이었다.

"두 아드님이 미국에서 무슨 공부를 하나요?"

의사의 물음에 나는 별 생각 없이 대답했다.

"큰 아들은 의대 다니구요, 작은 아들은 신학대학원에 다녀요."

평소에 별로 말이 없던 의사는 또 내게 물었다.

"큰 아들이 무슨 과를 선택하기로 했나요?"

"응급실 의사가 되기로 하고 지금 교육 받고 있다고 합니다."

그 말을 들은 의사는 염려스러운 표정으로 고개를 갸우뚱하며 말을 이었다.

"응급실 의사가 얼마나 힘든데요. 밤 근무를 맡을 때는 온 밤을 새우게 되죠. 낮 근무, 밤 근무 번갈아 하다 보면 삶의 리듬이 깨어져서 자신도 힘들고 가족들도 힘들고, 마음대로 근무 시간을 선택할 수도 없지요…. 큰아드님에게 다시 재고해 보라고 하세요."

그 말을 들은 나는 사랑하는 큰아들에게 가장 최선의 선택은 무엇일까 생각해 보았다. 그런데 아무리 그 아들을 사랑한다 해도 나의 제한된 두뇌로 그의 앞길을 알 수도 없고, 그에게 최선의 길이 무엇인지도 모른다는 결론이 나왔다.

그래서 그날 밤 이에 대해 기도를 하고 난 후, 다음날 아침에 미국에 있는 큰아들에게 이메일을 보냈다. 아들에게 심적 부담을 주지 않도록 기도하며 조심스럽게 의사가 한 말에 대해 어떻게 생각하느냐고 물었더니 곧 답장이 왔다. 자기는 응급실 의사가 좋고, 지금은 다른 과로 바꾸기도 너무 늦었으니 아무 걱정 하지 말라고 딱 잘라 말했다. 재고할 여지가 전혀 없어 보였다. 나는 더 이상 아들의 마음에 부담을 주고 싶지 않아서 혼자서 기도하기 시작했다.

"하나님, 하나님께서는 그 아들의 성향을 누구보다 잘 아십니다. 하나님께서 그 아들을 만드셨으니까요. 하나님 보시기에 만약 응급실 의사가 그에게 최선의 선택이 아니라면 하나님의 때에, 하나님의 방법으로 그 아들의 마음을 바꾸어 주세요. 그리고 그 아들의 적성과 은사에 가장 잘 맞고, 그가 가장 즐겁게 일할수 있는 길로 그의 마음을 인도해 주세요."

그런 기도를 시작한지 일주일 후에, "나는 응급실 의사가 좋고, 다른 과로 바꾸기에 너무 늦었다"고 단호하게 말했던 아들의 마음이 바뀌어 소아과 의사가 되기로 했다니 이 어찌 하나님이 하신 일이 아니겠는가? 응급실 의사 훈련 기간 마지막 일주일 동안 술에 취한 환자들이 많이 와서 자기처럼 마음이 여린 사람은 응급실 의사가 안맞겠다고 깨달은 때가 바로 내가 한국에서 그 아들의 진로를 위해 "만약 응급실 의사가 그에게 최선의 선택이 아니라면 하나님의 때에, 하나님의 방법으로 그 아들의 마음을 바꾸어 주세요" 라고 기도했던 기간이었다.

사실 응급실 의사든지 소아과 의사든지 그게 중요한게 아니다. 사람은 자신의 적성과 은사에 맞는 일을 할때에 가장 행복하게, 자신감을 가지고 할 수 있다는 것을 알기에 나는 이 문제를 모든 지각에 뛰어나신 하나님께 맡기고 기도했던 것이다.

이번에 그렇게 아들의 마음이 바뀌었다는 소식을 들은 나는 아들에게 이메일을 보냈다.

사랑하는 나의 아들 허니콤,

(이 애칭은 성격이 부드럽고 달콤한 큰 아들에게 어렸을 때 지어준 것이다)

네가 맨 처음 대학에 입학하는 날, 동물을 돌보는 수의사가 되겠다는 너를 뒤로하고 돌아오는 엄마의 마음이 왠지 허전했단다. 솔직히 이건 엄마의 개인적인 생각이었는데 '왜 영혼이 없는 개나 고양이를 돌보는 일에 남은 삶을 바치려 할까? 이왕 의사가 되려면 사람들의 영혼과 육신을 치료하는 의사가 되었으면…' 하는 엄마 나름대로의 바램이 있었기 때문이지. 하지만 오직 하나님께서만 너의 앞길에 최선이 무엇인지 알고 계신다는 것을 믿었기에 너에게 아무 말 하지 않고 하나님 뒤에 물러서서 기도하며 너의 앞길을 하나님께 맡겼단다.

"하나님, 그 아들의 모든 가능성과 은사, 그의 앞날을 가장 잘 아시는 하나님께서 그가 최선의 길을 선택할 수 있도록 인도해 주세요. 만약 그 아들이 수의사가 아니라 사람들의 영혼과 육신을 치료해 주며 그들을 하나님께로 인도하는 의사가 되기 원하신다면 늦기 전에 그의 마음에 직접 소명에 대한 확신을 주시고, 그의 마음을 바꾸어 주세요" 라고….

놀랍게도 너는 다음날 전화로 물었지.

"어제 밤에 큐티를 하는 중에 하나님께서 저의 마음을 바꾸어 주셔서 Veterinarian (수의사)가 아니라 Medical doctor (의학박사)가 되기로 결심했어요. 이에 대해 엄마 아빠는 어떻게 생각하세요?"

그때 아빠가 너에게 이렇게 대답했던 것을 기억한다.

"그러지 않아도 엄마가 너와 헤어진 이후부터 계속 하나님의 뜻이면 늦기 전에 너의 마음에 소명의 확신 주시고 너의 마음을 바꾸 주시라고 기도했단다. 그러니까 하나님께서 너의 마음에 소명의 확신 주시는대로 소신껏 그길을 가라."

엄마는 그날 얼마나 기쁘고 감사했는지 모른단다. 만약 엄마가 너에게 전공을 바꾸라고 했다면 네가 바꾸지 않았을 지도 모르지. 그리고 만약 네가 소명의 확신 없이 엄마의 말에 의해서 전공을 바꾸었다면 앞으로 힘든 일이 있을 때 엄마 때문에 이렇게 되었다며 후회할 수도 있겠지. 그럼 너는 행복하지 않을거 아냐? 그래서 엄마는 너 자신이 하나님안에서 소명의 확신을 가지고 선택한 일에 행복하길 원했어. 그러기에 그 일을 하나님께 의탁하고 기도만 하고 있었던 거란다. 그런데 하나님께서 너에게 직접 소명의 확신을 주셨다니 엄마의 마음도 한없이 기뻤단다.

그 때 있었던 그 일과, 이번에 응급실 실습 기간 동안 있었던 일을 통해서 엄마는 다시 한번 하나님께서 너의 삶을 인도하고 계신다는 확신을 갖게 되었어. 그리고 앞으로도 너의 삶 전체를 인도하실 것이라는 확신이 있어서 얼마나 감사한지 몰라. 우리 하나님께 감사하자!

사실 엄마도 요즘 해결 되지 않은 문제들로 인해 은근히 하나님께 서운한 마음이 들기도 했는데 이번에 너의 일을 통해서 큰 힘을 얻게 되었단다. 하나님께서 너를 무척 사랑하시고 엄마도 너를 많이 사랑한다. 항상 너를 위해 기도할게.

넌 사랑하는 엄마가….

나는 그 일 이후로 하나님께 나아갈 때 솔직하고 단순하게 기도한다. 그전에는 하나님께 나아갈 때 어쩐지 너무 인간적인 것을 구하는 것 같아서 솔직하게 기도하지 못하고 체면차리며, 하나님께서 듣기 좋아하실 만한 말을 골라서 하느라고 마음에도 없는 기도를 할때도 있었다.

그러다 보면 내 마음이 답답해 진다. 하물며 하나님의 마음이 얼마나 답답하실까 하는 생각이 들 정도이다. 사랑하는 나의 자녀가, 체면 차리면서 마음에도 없는 겉치레와 형식으로 속마음을 감추고 내게 다가오면 내 마음도 서운하고 답답할 것 같다. 그래도 사랑하니까 서운한 마음 접고 "그래 알았어. 그 문제는 어차피 네가 해결할수 없는 일이니까 엄마한테 맡기고, 너는 이제 가서 네가 해야할 일을 하렴" 이라고 분명히 말 했는데도 자꾸 와서 "엄마, 정말 해 주실 거예요? 안 해 주실 거예요? 저는 엄마의 약속을 믿을 수가 없어요" 하면서 계속 나의 말을 의심한다면 내 마음이 얼마나 서운할까? 하나님과 나의 사랑의 관계를 확신하며, 하나님 앞에 솔직하고 단순한 믿음으로 나아가자. 그렇게 할때 하나님도 나와 더욱 가깝게 느끼시며, 나의 삶에 연관된 모든 것들에 책임을 져주시지 않을까?

"그러므로 우리가 긍휼하심을 받고 때를 따라 돕는 은혜를 얻기 위하여 은혜의 보좌 앞에 담대히 나아갈 것이니라."(히브리서 4:16)

상황을 바꿀수 없다면 

나는 아침에 눈을 뜨면 제일 먼저 창가에 앉는다. 그 곳에서 주님과 나만의 고요한 시간을 함께 보내며 말씀과 찬양으로 하루를 시작하기 위해서이다.

오늘 아침에도 나는 여느 때와 마찬가지로 창가에 앉아서 찬양을 부르고 있었다. 그런데 찬양을 부르는 중에 창문 밖에 보여지는 광경이 참으로 쓸쓸하고 을씨년스럽게 보였다. 여름이 가고 더 이상 사용하지 않는 텅 빈 분수대와 차디찬 타일바닥이 그대로 보여졌기 때문이다. 그 광경이 너무 쓸쓸해 보여서 나는 오른쪽에 나무가 많은 곳을 바라보기 위해 애써 허리를 굽힌채 그쪽을 바라보며 찬양을 불렀다. 그곳에는 이쪽에서 보이는 타일 바닥과 텅빈 분수대가 아니라 아름다운 단풍이 조화를 이룬 나무숲이 우거져 있었기 때문이다. 그 순간, 그 아름다운 나무를 정면으로 바라보고 있는 102동

에 사는 사는 사람들이 부러워졌다. 나도 아침마다 저렇게 창밖의
아름다운 나무들을 바라보며 찬양을 부르고 싶은 소원이 일었다.

그래서 나도 모르게 이렇게 기도했다.

"아, 하나님, 아침마다 저 아름다운 나무들을 바로 창문 앞에서 볼
수 있으면 얼마나 좋을까요? 저런 집으로 이사가고 싶어요…."

그런 나의 마음속에 연이어 부끄러운 고백이 흘러 나왔다.

"하나님, 죄송해요. 이미 좋은 집을 제게 주셨는데 주신 것에 감사
치 못하고 다른 사람의 집과 비교하며 부러워하고…, 제가 너무 욕
심을 부렸네요. 욕심을 부렸더니 제 마음에 잠시 불만족한 생각이
스쳐 갔어요. 죄송합니다 주님, 제가 이래요…."

그런 고백을 하고 난 후 곧바로 기도를 바꿨다.

"솔직히 저 아름다운 나무들을 매일 아침 바라보며 찬양하고 싶
긴 한데요, 보시다시피 이렇게 저희집 창문의 창틀이 가로 막혀서
볼 수가 없잖아요. 어떻게 하면 지금 있는 이 집에서 저쪽에 있는
나무들을 바라볼수 있을지 제게 지혜를 주세요."

이렇게 기도하는데 하나님께서 이제껏 5년을 그렇게 건너편 집을
부러워하며 살아왔던 나의 마음속에 새로운 지혜를 주셨다.

내가 앉아서 성경을 읽는 이 테이블의 위치를 바꾸면 건너편 아
파트 앞의 나무들이 잘 보일지 모른다는 새로운 아이디어를 주신
것이었다.

그래서 나는 기대를 가지고 테이블 위치와 창가에 놓았던 화분들

을 이리 저리 옮겨 보았다. 그런데 이게 웬일인가? 지난 5년동안 우리집 창문 창틀에 가리워서 안보이던 그 아름다운 나무들이 테이블의 위치를 옮기니 내 눈에 오롯이 다 들어오는 것이었다. 그 광경이 너무 아름답고 신기해서 나는 계속 그 자리에 앉아서 이런 고백을 했다.

"하나님, 상황을 바꿀수 없을 땐 이렇게 단순하게 기도하면 되는 거군요…. 제가 왜 이제껏 기도해 보지 않고 나무가 잘 안보인다고 늘 아쉬워하면서 살았던지요. 앞으로의 삶에서도 상황을 바꿀수 없다면 그 상황에서 어떻게 최선의 길을 찾아갈 수 있는지 지혜를 구하며 살겠습니다. 정말 저 나무들이 너무 아름다워요 주님. 저 빨간 단풍, 노랑색과 주황색의 조화, 저기 있는 저 아기 단풍들…. 아, 하나님! 이렇게 아름다운 것들을 만드시고, 보게 하시고, 감상할 수 있도록 오늘 제게 필요한 지혜를 주시니 정말 감사합니다!"

이렇게 고백하며 〈주님의 높고 위대하심을〉 찬송을 불렀다.

때때로 나는 이렇게 부정적인 면에 초점을 맞추면서 나 자신이 처해있는 환경에 대해 감사치 못하고 불만족할 때가 있다. 게다가 내게 있는 것에 감사하기 보다는 다른 사람과 비교하며 아쉬워할 때도 얼마나 많았던가! 생각해 보면 감사할 만한 조건이 많은 사람 보다, 감사할 조건이 많지 않아도 감사하며 사는 사람들이 더욱 행복하고 만족한 삶을 사는 것을 볼수 있다.

챨스 스퍼전은 이렇게 말했다.

"우리에게 별빛주신 은혜에 감사하면
하나님께서는 우리에게 달빛을 주실 것이요,
우리에게 달빛 주시는 은혜에 감사하면
하나님께서는 우리에게 햇빛을 주실 것이요,
우리에게 햇빛 주시는 은혜를 찬양하면
하나님은 우리에게 햇빛도 소용없는 신비의 광채를
우리 마음속에 영원히 빛나도록 축복해 주실것이다."

지금 내게 주신 것들에 감사하는 마음을 가진 사람들에게는 감사할 일들이 점점 더 많아질 것을 믿으며 나는 이렇게 기도한다.

"주님. 내 생각에 좋은 것만 골라서 감사하기 보다는 범사에 감사하는 성숙한 인격자가 되고 싶습니다. 나의 마음과 입술을, 불평의 말보다는 감사의 찬송으로 항상 채우기 원합니다. 감사함으로 주님을 기쁘시게 해드리는 자녀가 되기 원합니다. 저를 도와 주세요…."

"범사에 감사하라 이는 그리스도 예수 안에서 너희를 향하신 하나님의 뜻이니라"(데살로니카 전서 5:18)

삶의 딜레마

아직 예수님을 믿진 않지만 기독교에 관심을 가지고 있는 어떤 분이 우리에게 영어 성경 공부를 인도해 달라고 했다. 그래서 어제 나는 남편과 함께 그분 댁에 성경공부를 인도하기 위해서 갔다. 그런데 성경 공부 중에 그분은 이런 이야기를 했다.

"얼마 전에 저는 큰 계약을 마친 후 엘레베이터를 타고 내려 가는데 왠지 마음에 공허함을 느꼈습니다. 사람들은 나를 큰 기업의 대표로 부러워 하지만 내 마음 속은 왜 그렇게 텅 빈것 처럼 허전한지 모르겠어요. 그래서 그런 허전함을 술로 달래곤 하죠…."

그는 하던 말을 잠시 멈추고 물을 한 모금 마시더니 허공을 바라보며 띄엄 띄엄 말을 이어갔다.

"기업의 책임자로서 비즈니스를 이끌어 가기 위해 많은 시간과 에너지를 투자해야 하는데... 내가 만일 기독교인이 된다면 하나님을 위해 얼마만큼의 시간과 물질을 드려야 하는지요? 기독교인이 되면 하나님께 시간과 물질을 많이 드려아 할텐데…. 그러다가 사업에 실패하게 될까봐 두렵습니다... 제 마음속엔 항상 실패에 대한 두려움이 자리잡고 있습니다."

그는 기업의 경영 책임자로서 삶과 신앙의 딜레마 앞에서 고민하고 있었다. 그때 내 마음 속에 주위의 몇몇 분들이 떠올랐다. 그분들의 삶을 볼 때, 하나님께서는 하나님을 위해 삶과 시간과 물질을 드리는 사람들에게 그 대가를 충분히 치뤄주신다는 것을 보아왔다. 전에 미국 유학갔을 때 내게 가족처럼 대해주셨던 미국 가정이 있었다. 그 가정의 가장은 큰 건축회사 사장이었는데, 평상시엔 저녁 일찍 귀가하여 가족들과 저녁식사를 마친후 식탁에 앉아 가정예배를 인도했다. 그리고 일년에 얼마만큼의 시간과 돈을 할애해서 본인 자비로 성경책을 사가지고 다른 나라에 가서 성경을 배포하는 일을 수년간 꾸준히 하고 있었다. 큰 건축 회사를 경영하면서도 하나님의 일에 이처럼 자신의 삶을 드릴 때 그의 사업과 가정에 하나님께서도 아낌없이 축복해 주시는 것을 나는 보았다.

또 내가 아는 어떤 장로님은 의사인데 대학생 선교를 위해 헌신하는 분이었다. 그 장로님의 간증을 들어보니 미국에서 큰 병원에서 의사로 있다가 병원에서 보내는 시간이 너무 많아서 가족들과 하나님의 일에 더욱 많은 시간을 드리고 싶어 작고 조용한 병원으로 옮겼다고 했다. 그런데 이상하게도 계속 물질의 축복을 받아서 이제는 세계 대학생 선교에 더욱 많은 시간과 물질을 투자할 수 있게 되었고 가족들과 함께 하나님의 일을 할 수 있어서 얼마나 기쁘고 행복한지 모르겠다고 밝게 웃으며 간증 하셨다.

하나님께 드리면 하나님께서는 절대로 자녀들에게 빚지지 않으시고 당대에서만 끝나는 축복이 아니라 자손들에게까지 두고 두고 갚아주신다는 것을 주위 사람들과 나의 삶을 통해서 경험해 왔다.

솔직히 그런 분들을 만나기 전에는 부자들에 대한 이미지가 별로 좋지 않았었다. 그런데 그분들을 만나고 난후에 나는, 돈 만 있는게 아니라 예수님도 소유한 사람들은 삶을 정말 멋지게 살아갈수 있다는 것을 깨달았다.

얼마 전에 읽은 책에 이런 내용이 있었다.

키가 작다고 놀림을 받아온 어떤 소년이 있었다. 그는 어려서부터 놀림을 받았고 가정이 어려워서 본의 아니게 사관학교에 입학했으나 키가 작아 장교로 임관되지 못하고 고향에 내려가 농사를 지었다. 그 후 전쟁이 일어나 전쟁터에 나가 싸우게 되었는데 상관이나 부하들로부터 제대로 대우를 받지 못했으나 다른 사람들이 자기를 어떻게 생각하는지에 대해 전혀 상관하지 않고 다른 사람들의 대우나 평가에 대해 불평도 하지 않았다. 그대신 하나님 앞에서 자신은 소중한 존재임을 깨달으며, 자기에게 주어진 시간과 물질을 하나님께 드려 맡겨진 사명에 충실했으며, 그의 성실함에 많은 사람들로부터 존경과 신뢰를 받게 되었다. 그 결과, 그 작은 키에도 최초의 미 육군 대장이 되었으며 나중에 미국의 18대 대통령이 되었다는 실화였다.

심리학자 Bruce Naramore가 말하기를 자기 자신이 중요한 존재, 가치있는 존재라고 느끼게 해주는 기본적인 요소 다섯가지는 안정감, 자신감, 소속감, 목적의식, 그리고 사랑받고 있다는 느낌이라고 했다.

나의 삶을 뒤돌아 볼 때, 나는 안정감과 자신감, 소속감, 사랑받고 있다는 느낌, 인생의 목적 없이 텅빈 삶을 살았었다. 그저 하루 하루의 삶을 간신히 살아 넘기고 있다는 느낌으로 살았다. 다행히 예수님을 영접하고 하나님께서 나를 사랑하신다는 것을 깨닫게 하심으로 내 심령 깊은 곳에 안정감을 심어주셨다. 그리고 나는 하나님의 사랑받는 자녀이며 하나님께서는 나의 아버지가 되셨다는 사실을 깨달음으로 깊은 소속감을 느끼게 하셨다.

　또한 하나님께서는 나의 삶을 통해서 위대한 일을 이루실 수 있는 분이라는걸 경험하게 하심으로 내 인생의 목적을 분명히 알게 해 주셨다. 그때부터 하나님께서는 내게 자신감의 원천이 되어 주셨다. 내 삶의 초점을 사람들의 시선에 맞추지 않고 하나님께 맞출 때, 비로소 하나님께서 나를 위해 계획하신 일을 자신감을 가지고 할 수 있게 된 것이다.

　이전의 나는 다른 사람들에게 인정받기 원하고 또 인정받기 위해 여러가지 부담되는 일들을 해내려고 애썼다. 그 잘못된 습성으로, 심지어 주님과의 관계에서까지도 내가 하는 어떤 행위나 일을 통해서 인정받으려고 애쓰기도 했다. 그러나 주님께서는 내가 주님 안에서 자유를 누리기 원하신다는 것을 말씀을 통해서 깨닫게 하셨다.
　"그리스도께서 우리를 자유롭게 하려고 자유를 주셨으니 그러므로 굳건하게 서서 다시는 종의 멍에를 메지 말라"(갈라디아서 5:1)
　이 시대를 살아가는 현대인들에게 다른 사람들의 요구와 기대로부터의 자유, 실패에 대한 두려움으로부터의 자유를 누리기란 쉽지 않다. 무언가를 이루어야 한다는 절박감으로부터의 자유, 다른 사람들에게 받아들여지고 인정 받을수 있을까? 하는 염려로부터의 자유를 누리는것 또한 쉽지는 않다.
　하지만 하나님께서는 내가 지금의 모습에서 달라져야 받아주시거나 또는 어떤 기준에 도달해야만 받아주시는 것이 아니라, 나를 지금의 나의 모습 그대로 받아주신다는 것을 깨닫게 되었을때, 사람들의 기대로부터 자유함을 누릴 수 있었다. 내가 사람들에게 인정받기 위해서 열심히 노력해야 하고 내 삶의 모습이 하나님 보시기에 기뻐하실 만한 것이 되어야 받아 주시는 것이 아니라, 현재의 모습 그대로 받아 주시는 것이 하나님의 사랑이며, 아무것도 더하거나 뺄 수 없는 완벽하고 무한한 사랑이 바로 나를 향하신 하나님의 사랑임을 깨달았을 때, 실패에 대한 두려움으로부터 자유를 누릴 수 있었다.

하나님께서는 내가 할 수 있는, 아니면 내가 하고 있는 일 때문에 나를 사랑하시는 것이 아니다. 그런건 인간 수준의 사랑이며, 그러기에 하나님은 인간과 차원이 다른 하나님이시라는 것을 알게 되었다. 하나님께서는 내 모습 이대로의 나 자체를 사랑하시며, 그 사랑은 조건없는 사랑인 것이다. 하나님이 나를 조건없이 받아 주시고 인정해 주시기에 이제 나도 성숙한 자녀답게 나 자신을 하나님 안에서 가치있고 소중한 존재로 받아들이게 되었다.

앞으로 살아가면서 어떤 힘든 상황에 처하든지, 내가 하는 일을 사람들이 알아주던 안 알아주던, 부당한 대우나 비판이나 오해가 있다해도 하나님께서 그 일들을 다 알고 계시리라고 나는 믿는다.

또 당시에는 하나님께 시간과 물질을 드리는 것이 아깝고 손해보는것 처럼 느껴질지라도, 하나님께 나의 삶과 시간과 물질을 드릴 때, 하나님께서 그 노고를 인정해 주시고 그 대가를 치뤄 주시는 분임을 나는 믿는다.

사람을 두려워하기 시작할 때 자유함을 잃게 되고, 사람을 두려워

하다보면 마음 속에 불안과 염려가 자리잡기 시작하는 것이다. 그러나 사람을 두려워하지 않고 오직 하나님을 의지하고 그분께 성실히 행하면 하나님께서는 천국의 기쁨과 새로운 기대로 우리의 영혼을 채우시며, 우리의 마음은 두려움 대신 안연함을 얻게 된다.

삶의 딜레마 속에서 내가 선택해야 할 길은 오직 한 길이다. 다른 사람들의 시선이나 평가를 두려워 하는 것이 아니라, 하나님을 의지하며 그분께 나의 삶을 드리는 것, 그 길 만이 곧 내 삶의 핵심이요, 나의 희망이다. 이 놀라운 하나님의 사랑과 은혜를 체험할 때 비로서 나는 주님 안에서 진정한 자유를 누릴 수 있게 되는 것이다.

"내가 확신하노니 사망이나 생명이나 천사들이나 권세자들이나 현재 일이나 장래 일이나 능력이나 높음이나 깊음이나 다른 아무 피조물이라도 우리를 우리 주 그리스도 예수 안에 있는 하나님의 사람에서 끊을수 없으리라"(로마서 8:38-39)

이별의 슬픔

나는 미국으로 공부하러 떠나는 아들을 위해 며칠전부터 짐 싸는 것을 도와주고, 자기가 덮고 자던 이불, 벼개까지 찾아서 싸주면서 집을 멀리 떠나더라도, 적어도 집에서 쓰던 이불과 벼개에서 외로움을 달래기를 바라며 스스로 위로받으려 했다. 무엇이든지 그 아들에게 도움을 줄 수 있는건 다 주고 싶어서 아래 위층을 왔다갔다 하며

빈손으로 괜히 서성거리기도 했다. 드디어 아들이 집을 떠나는 날이 왔다. 밤을 새다시피 하며 이제 이 아들이 부모의 품을 떠나 넓고 새로운 세계를 향해 가는구나 생각하니 오직 내가 의지할 수 있는 분은 하나님 한분 밖에 안계신다는 생각이 더욱 확실해 졌다. 그래서 나는 무릎을 꿇고 주님께 기도했다.

"하나님, 저 아들이 집과 부모를 떠나지만 하나님께서 그 아들과 함께 가 주시니 얼마나 위로가 되는지요! 하나님은 저희들보다 더 지혜로우시고 사랑이 많으시고 능력도 크시니까 그 아들을 우리 부부보다 훨씬 더 사랑하시고 잘 돌보아 주실 것을 믿으니 얼마나 안심이 되는지요! 하나님의 말씀이 그 아들의 가는 길에 등불이 되게 하소서…."

그렇게 기도하며, 그 아들이 항상 하나님의 말씀을 묵상하며 암송하니까 하나님의 말씀이 그를 붙잡아 주시고 인도하실 것이라는 믿음으로 잠자리에 들수 있었다.

아들이 집을 떠나는 날 아침, 우리는 이제껏 여행을 떠나던 그 어느때 보다도 큰 가방들을 들고 집을 나섰다. 아들을 먼 미국땅에 보내면서 집에 있는 것 중에서 그 아들이 필요할 것들을 있는데로 다 뒤져서 쌌기 때문이다. 하다못해 라면 먹고 싶으면 끓여 먹으라고 작은 냄비까지 싸주면서 속으로 '이런 냄비쯤은 미국에 가서 얼마든지 살 수 있을텐데…' 생각하면서도 왠지 아들이 그 냄비를 볼 때 자기가 자라온 집의 정감을 느낄수 있을것이라는 바람으로 조그만 냄비를 챙겨 주었다.

미국가면 좋은 타올이 많겠지만 그래도 아들이 집을 느낄 수 있게 해 주고 싶어서 자기가 가장 좋아하는 타올을 고르게 했고, 그 타올로 냄비를 싸서 가방에 넣었다. 그렇게 세심한 배려와 정성을 담아 밤새워 짐을 쌌고, 우리는 비행기에 올랐다.

동경을 경유해야 하는데 공항에서 네시간이나 기다려야 했다. 아들은 동경 공항에 도착하자 마자 의자에 누워 깊은 잠이 들었다. 나는 혼자 앉아서 갑자기 외로움과 슬픔에 잠겼다. 오가는 사람들, 책을 읽는 사람들, 게임을 하는 사람들… 주위에 사람들 천지였으나 나는 혼자 있는 것 처럼 극심한 외로움과 슬픔에 깊이 빠져들어 갔다. 그렇게 한참을 앉아 있는데 문득 공항 유리창 밖의 밝은 하늘이 눈에 들어 왔다. 파아란 하늘에 양무리 같은 흰구름이 줄지어 무늬를 이루고 있었고, 갑자기 그 흰구름 속에서 하나님께서 나에게 말씀하시는 것 같았다.

"사랑하는 내 딸아, 하늘을 바라 보아라. 여기 내가 있지 않니? 어디를 가든지 하늘이 있듯이 나는 그곳에 있단다. 내가 저 아들과도 함께 있을 것이다…."

자기의 작은 가방을 품에 안고 한손엔 모자를 꼭 쥐고 잠자던 아들은 가끔 눈을 뜨고 엄마가 있나 확인하고는 다시 잠이 들곤 했다. 나는 잠자는 아들을 계속 지켜보면서 그 아들이 의자에서 굴러 떨어지지 않는지, 가방이나 모자를 떨어뜨리지 않는지 지켜보았다. 아들은 눈을 떠보고 엄마가 옆에 앉아 있는 것을 확인하고는 안심하고 다시 잠이 들곤 했다. 이런 모습을 지켜 보면서 '하나님께서도 이 세상에서 살아가고 있는 나를 이렇게 지켜보고 계시겠지…' 하는 생각이 들었다.

한편 '인생은 여정이구나' 하는 생각도 들었다.

저 아들처럼 우리가 이 세상에 사는 동안 가지고 있는 짐을 놓칠세라 꼭 끌어 안고 살지만 언젠가는 그 짐을 다 내려놓고 영원히 쉴 수 있는 본향집에 갈 날이 온다…. 그때 만약 돌아갈 집이 없다면, 아니 내가 영원히 돌아갈 집이 어디인지 모르고 산다면, 목적지 없이 계속 저렇게 짐가방을 끌어안고 끝없는 여행을 해야 한다면 얼마나 고달프고 지칠까? 그런 생각을 하니 정말 우리의 인생여정이 끝날 때 돌아갈 집이 있다는 것과, 그 곳이 어디라는 것을 알고 있다는 것, 그리고 그 집에 가서 주님의 품에 안기울 수 있다는 확신은 얼마나 놀라운 축복인가 새삼 깨달아졌다.

내가 이 세상에서 경험한 그 이상을 상상하긴 어렵지만 한가지 확실히 아는 것은 천국에 가면 이별도 없고 슬픔도 없고, 눈물도 고통도 없다는 것을 생각하니 큰 위로가 되었다. 그리고 내가 천국에 도달할 때 주님께서 내 볼을 두손으로 감싸시고 내 눈을 드려다 보시면서 이렇게 말씀하실 것이라고 상상해 보았다.

"수고했다. 여기까지 오느라구… 이젠 내 옆에서 평안히 쉬면서 찬양만 하면 된다. 이제부터 넌 아프지도 않구, 슬프지도 않구, 외롭지도 않을것이다. 그리고 죄를 이기려고 애쓰면서 힘들게 싸우지 않아도 되구… 또 오해나 마음 아프게 하는 일로 상처 받지도 않을 것이다…."

그런 생각을 하는 나의 눈에 눈물이 핑돌며 영원한 집에 내가 갈 곳이 있다는 게 그렇게도 감사하고 안심이 될 수가 없었다.

네 시간을 공항에서 어떻게 기다리나 했는데 이렇게 내 곁에 계시며 속삭여 주신 주님과 함께 지내니 네 시간이 어느새 다 지나고 탑승 안내 방송이 흘러 나왔다. 마지막으로 비행기에 오르기 전에 나는 다시 한번 창문 너머에 하늘을 바라 보았다. 파아란 하늘에 붉게 물든 구름 사이로 한줄기 햇빛이 찬란하게 비치고 있었다. 석양을 바라보며 나는 마음속으로 조용히 찬송을 불렀다.

"해지는 저편, 저 하늘에는 우리주 예수 계시는곳,

고난은 가고 찬란한 새벽

영광의 날이 밝으리라."

그 햇빛 속에, 그 구름 속에 주님이 계실것이라는 상상을 하면서….

아들은 아침에 집을 떠나면서 내게 이렇게 말했다.

"엄마, 내가 집을 떠나면 엄마는 하나님 일 더 열심히 할 수 있으니까 슬프거나 나 보고 싶어서 울지 않을 거지? 약속해."

나는 얼마 전에 아들에게 기도 부탁을 했었다.

"너 엄마 생각 날 때 마다 기도해 줄래? 엄마가 너 집떠나고 나면 하나님 일 더 열심히 하고, 더 많이 찬양하며 기쁘게 살게 해 주시라구…. 그리고 널 너무 많이 보고 싶어하지 않게 해 주시라구…. 엄마도 너 생각날 때 마다 널 위해 기도할게…."

그 말에 아들은 이렇게 대답했다.

"엄마, 나 벌써 그렇게 엄마 위해 기도하고 있어요. 그러니까 하나님이 꼭 그렇게 해 주실거에요."

오래 전에 아이들 둘을 일주일 동안 남동생 집에 보냈는데 세상에 왜 그렇게 아이들이 보고 싶고 눈물이 쉴 새 없이 흘러 내리는지 참 이상할 정도였다.

애들 방을 지나가면서도 눈물이 핑돌고, 애들이 물마시던 컵만 눈에 띄어도 눈물이 나고, 하루는 애들이 좋아하는 햄버거 집에 가서 앉아 있을때 우리 애들만한 아이들이 들어오는것을 보는데 나도 모르게 또 눈물이 흐르고….

그때를 생각하면서 이번엔 일주일이 아니라 애들 둘다 완전히 집을 떠나니 어떻게 견딜 수 있을까 미리 겁이 났다. 그런데 내가 이렇게 마음이 여리고 아이들에게 연연한다고 하나님께서 책망하지 않으셨다. 오히려 동경 공항에서 내게 찾아 오셔서 속삭여 주시고 세상에서 그 누구도 줄 수 없는 위로로 채워 주시니 감사한 마음으로 주님을 더욱 열심히 섬기리라 마음 먹었다. 또 어렵고 힘든 시간에 이렇게 내게 위로해 주시고 함께 해 주시는 주님께서 아이들과도 함께 해 주실 줄 믿으면서 나는 아들에게 힘주어 말해 주었다.

"하나님께서 네가 어디를 가든지 너와 함께 해 주실거야. 그리구 엄마하고두…."

"하나님께서 상심한 자를 고치시며 저희 상처를 싸매시는도다"(시편 147:3)

소망 주시는 하나님

지난날의 교훈

　얼마 전에 남편을 잃고 슬픔에 잠겨 낙심해 있던 어떤 성도의 글을 받았다. 이 글을 읽는 동안 다른 분들과도 이 글이 내게 준 교훈을 나누고 싶다는 생각이 들어서 본인의 허락을 받고 이 글을 나눈다.

정경주 사모님께,

안녕하세요.

저는 비엔나에 사는 교민으로, 지금 프라하에 며칠 동안 쉬러 와서 아는 친구 집에서 사모님의 책 「하나님이 하셨어요!」를 발견하고선 단숨에 방장을 안자고 읽었습니다.

이 메일을 받아보실지 궁금해 하면서, 사모님의 홈페이지를 통해 부르시는 찬양을 들으면서, 흐르는 눈물을 닦아가면서 이 글을 씁니다.

언젠가 저희 교회 목사님께서 사모님의 책 내용을 인용하면서 설교 말씀을 하셨습니다. 사모님 승무원 인터뷰할 때, 합격 시키기 위해서 노래를 시키셨다는 내용을 들으면서 한번 책을 구해 보고 싶다는 생각을 했었습니다. 하지만 외국이기 때문에 쉽게 원하는 책을 구하기가 어려워서 미루다가 그만 두었었는데, 이번에 책을 읽으면서 얼마나 그걸 후회했는지 모릅니다. 왜냐하면, 저는 오스트리아인과 결혼하여 결혼 22년이 되었는데, 지난 9월17일 사랑하는 남편이 갑자기 심장마비로 제 곁에서 떠나갔습니다. 언젠가 기회가 될 때, 좀 더 자세하게 설명하며 전도하리라 미루고 있었는데, 그럴 기회도 없이 제가 아무리 인공호흡으로 살려보려고 했지만, 하나님께서 주신 생명은 제힘으로 연장할 수가 없더군요.

책을 읽으면서 만약 내가 그 때 사모님의 책을 구해서 읽었다면 달랐을 텐데... 하는 후회로 안타까웠습니다.

저도 지난날 노스웨스트 항공에서 15년간 승무원으로 근무했었습니다. 78년부터였으니까, 거의 비슷한 시기였던 것 같지요.

저야말로 실력도 학력도 부족했지만 하나님의 은혜로 입사가 되어서, 나중에는 한국승무원 60여명을 이끄는 승무원부장까지 했었지요.

그런데 저는 하나님께서 좋은 기회를 주셔서 얼마든지 후배 승무원들을 전도할 수 있었는데, 그 때는 그걸 모르고 시간을 낭비하고 세월이 오래 지나서 이곳 오스트리아로 이사 와서야 후회하며 회개 했었습니다.

사모님의 책을 읽으면서, 저의 지난 날들을 많이 생각했습니다.

제게는 어려운 몇 달이었지요. 남편의 뒤를 이어서 지난 10월에는 오빠를, 그리고 지난12월 29일에는 큰언니마저 세상을 떠나셨다는 소식을 이곳에 와서 들었습니다. 하나님을 믿고는 있지만, 남편을 보낸 뒤 매일 친구와 함께 새벽기도를 다니며 하나님께 매달리고는 있었지만, 사람이 왜 사는 건지, 그리고 왜 죽어서 슬픔을 느껴야 하는지, 그리고 권사님으로 집사님으로 평생을 하나님 앞에서 바로 살고자 노력하시던 친정 식구들도, 병으로 힘들어 하시다가 떠나셔야 하는지, 정말 하나님은 계시는지, 우리의 기도는 응답되는지에 자꾸만 회의와 의심이 들어서 힘들어 했습니다.

그러다가 프라하에 와서 좀 쉬고 가려고 왔는데, 사모님의 책을 제가 머물던 집에서 발견할 수 있었던 것은 하나님의 은혜였습니다.

저는 아이들이 딸 22세, 아들 16세 가 있는데, 둘 다 신앙심이 깊어서, 항상 아빠를 위해서 어렸을 때부터 열심히 기도 했었습니다. 그런데 왜 하나님은 아이들이 가장 아빠를 필요로 할 시기에 데려가셨는지, 그리고 그렇게 아빠를 사랑해서 아빠를 위해서 밤낮으로 울며 기도하던 딸이 홍콩에서 여름에 잠깐 일을 하고 돌아오는 새벽에 돌아가셔서 한마디도 말을 나눌 기회를 주지 않았는지, 아무리 이해 하려 해도 하나님께 서운함을 느끼며, 안타까워하고 있었지요.

건강하던 남편이 갑자기 떠난 후에 내게 위로하는 아들이 하는 말이 나중에 하나님께서 원하신다면, 목회자가 될까 한다는 말을 듣고 그 고생스러운 목사님은 절대로 안 된다며 말렸던 제가 사모님의 책을 읽으면서 부끄러워 회개를 했습니다. 이제 저의 남은 생의 날들은 제가 하려고 하지 않고, 모든 것을 주님께 맡기려 합니다.

항상 건강하시고 주님께서 주신 찬양의 달란트로 많은 이들에게 용기와 힘과, 그리고 하나님의 사랑을 전하시길 기도 드리겠습니다.
　비엔나 한인교회 교인

나는 이 글을 쓴 분에게 답글을 보냈다. 그리고 나중에 그녀가 한국을 방문했을 때 연락을 받고 그녀가 머물고 있는 숙소로 찾아갔다. 우리의 만남은 초면이었으나 하나님께서 예비하시고 인도하신 만남이었음이 분명했고, 그녀와의 만남은 내게도 많은 생각을 하게 했다.

그녀와 함께 이야기를 나누는 중에 내 마음속에도 지난 날 후회스럽고 가슴 아픈 일들이 떠올랐다. 해야 할 일을 하지 않은 것과, 하지 말았어야 할 것을 한 아쉬움이 너무나도 컸다. 하지만 비록 지난 일을 돌이킬순 없을지라도 지난날의 교훈이 우리를 더욱 지혜롭게 함으로 앞으로 지난날의 후회와 아픔을 되풀이 하지 않도록 우리는 서로 권면하고 위로했다.

"그리스도의 말씀이 너희 속에 풍성히 거하여 모든 지혜로 피차 가르치며 권면하고…"(골로새서 3: 16)

캐나다에서도 〈하나님이 하셨어요!〉 

어느날 캐나다에 사는 어떤 남자 분이 나의 홈페이지에 오픈된 글을 남겼다. 그 분의 글을 읽으면서 독자들 중에 혹시 이런 심정을 가진 분들이 계시다면 용기를 북돋워 드리고 싶은 마음으로 이 글을 소개한다.

안녕하세요? 저는 캐나다 토론토에서 살고있는 43살의 두아이의 아빠입니다.

이민 온지 6년 되어가구요 교회는 지금도 꾸준하게 다니고 있고 성가대로 섬기고 있는 보통 사람입니다. 지난 두주 정도 어떤 이유인지는 모르겠지만 마음에 답답함과 반복되는 일상… 그리고 급기야는 어려웠을 때 해결해주신 감사했던 기억으로 남는 사건들이 갑자기 구차하게 느껴지기 시작했고 급기야는 해갈을 위해 무작정 뉴욕시티로 밤차를 타고 떠났습니다.

우연하게 버스 옆자리에 앉게 된 아주머니께서 제가 제 아내에게 우리말로 전화 통화하는 것을 듣고 한국사람임을 알게되어 얘기를 나누게 되었습니다. 서로 어떤 일로 뉴욕에 가냐고 물어보게 되었고 그 아주머니는 사업을 파산하고 뉴욕에 있는 남동생에게 가는 길이라고 하셨습니다.

저는 왜 예수님을 믿는 사람들이 어려움을 겪는지 늘 불만이었고 저 또한 삶이 순탄하지만은 않은 저의 현실에 불만을 토로했습니다. 그런 저에게 자신은 두권이 있다고 하시면서 "하나님이 하셨어요" 책을 저에게 주시더군요. 저는 괜찮다고 사양했지만 그분은 꼭 가져갔으면 하고 부탁하셨습니다. 저는 부담스럽게 가방에 넣었고 2일동안의 뉴욕 여행을 마치기까지 그책이 떠오르지 않았으나 돌아오는 길 버스안에서 그 책이 생각이 났습니다.

정신없이 뉴욕에 빠져서 돌아다녔지만 정작 버스 귀향길에 오른 저에게는 refresh 해지는 느낌은 없었고 '의미없음, 공허함' 이라는 단어가 맴돌더군요. 그런 마음을 채우기 원하는 마음으로 그 아주머니가 준 책을 펼쳐보니 친필로 "정경주 마태복음 6:33"이라고 서명되어 있었습니다. 20~30페이지를 볼때까지도 삐딱해진 제 마음은 의식적으로 부정하며 방어하는 자세로 읽고 있었지만 70페이지, 100페이지, 150페이지… 책장을 넘기면서 제 마음이 뜨거워지는 것을 느꼈습니다.
저자는 자기를 드러내는 것이 아니라 정말 순수한 마음으로 예수님을 보여주고 있다는 생각이 들기 시작했습니다. 좋은 집 좋은 차 넉넉

한 환경을 누리는 삶보다도, 하나님과 이렇게 소통하면서 그분이 기뻐하실 만한 일을 하면서, 힘들지만 세상이 알지못하는 기쁨과 감격의 삶… 어떤것이 더 가치있는 삶일까? 정말로 심각하게 생각해볼 시간이었습니다.

책을 의심하는 것은 아니지만 만일 이책의 내용이 정말 사실이라면 저자인 정경주 사모님은 얼마나 귀한 삶을 살고 있는 것인가 하는 생각을 해봤습니다. 이 책을 전해주신 그 아주머니의 성함도 모릅니다. 하지만 모든 것을 잃고 동생을 찾아가는 길에도 주님에 대한 믿음은 변함이 없으셨습니다.

불평하는 저에게 자기가 알고있는 암 말기의 한 성도의 얘기를 해주셨습니다. 지금 생각하면 제 자신이 얼마나 부끄러운지 모르겠습니다. "우리 하나님, 예수님 죄송합니다" 라고 고백할 수 밖에 없었습니다. 그리고 생각해보면 50명정도 되는 버스안에서 딱하나 남은 빈자리 (제가 제일 마지막으로 탔었지요) 에 한국인이, 그것도 4년간 비지니스 하다가 망해서 동생을 찾아가는, 예수님 잘 믿는 아주머니를 만나게 된것을 그냥 우연이라고 생각하고 넘기기에는 좀 다른 무언가가 있다는 생각이 들었습니다.

제가 읽은 "하나님이 하셨어요" 는 저에게는 그냥 많은 기독 서적 중에 하나라기기 보다는 하나님께서 제게 말씀하시고 싶은 내용이라고 믿고 싶습니다. 그리고 마태복음 6장 33절은 제가 앞으로 평생을 살면서 가슴에 품고 살 말씀이라고 생각하고 싶습니다.

오늘 google에서 "정경주"를 입력해서 홈페이지를 찾아 이렇게 정신없이 글을 쓰고 있습니다.

저는 이렇게 글을 쓰는 사람이 절대 아닙니다. ㅎㅎ 하지만 그냥 쓰고 싶었습니다. 하나님께 감사드립니다.

이 글을 남기신 분 뿐만 아니라 대부분의 사람들이 무언가를 추구하며 살아간다. 채워지지 않을 그 무엇인가를 향해서 달려가다가 허탈함을 느끼며 멈추고 싶을 때, 비로서 인생의 의미에 대해 생각해 보게 된다. 나 역시도 이런 경험을 했기에 이 글을 쓰신 분의 심정을 전적으로 이해하고 공감한다.

'나는 지금 무엇을 위해 살고 있는가?' '내 인생의 의미는 무엇인가?'에 대한 진지한 물음이 있을때, 그 해답을 찾는데 이 책이 조금이라도 도움되었으면 좋겠다.

많은 사람들이 젊었을때는 좋은 학교 들어가는 것을 목표로 삼고 열심히 달려간다. 그리고 나서 좋은 대학 들어가면, 졸업하고 나서 좋은 직장에 취직하기 위해 또 다시 달려간다. 그 목적이 이루어지고 나면 그 다음엔 결혼해서 행복한 가정을 이루기 원한다. 그런데 결혼을 해도 역시 인간은 또 다른 생의 의미를 계속해서 추구한다. 이처럼 인생은 끊임없이 무언가를 향해 달려간다.

나도 그랬다…. 그렇게 살아왔던 지난날, 주님께서 내게 진정한 생의 의미와 인생의 목적을 깨닫게 하셨음을 뒤돌아보며 나는 캐나다에서 글을 보내신 그분께 다음과 같은 답글을 보냈다.

샬롬!

정말 하나님이 하셨네요….

마태복음 6장 33절의 말씀 "너희는 먼저 그의 나라와 의를 구하라 그리하면 이 모든 것을 더하여 주시리라"는 말씀은 제 삶의 간증 그대로 이랍니다.

제가 주님을 만나기 전에 인생의 목적과 의미를 찾아 방황하는 삶을 살고 있을 때 주님께서 저를 만나주셨지요. 주님을 만난 후, 작은 순종으로 마태복음 6장 33절의 말씀을 붙잡고 살아왔을 때 주님께서는 약속하신대로 제가 기대하거나 상상했던 것 보다 훨씬 더 넘치게 모든 것을 더하여 주셨습니다. 생의 의미와 인생의 목적, 그리고 진정한 만족감과 성취감을 느끼면서 감사가 넘치는 삶을 살도록 인도해 주셨지요. 오늘 아침에도 저는 그 사실을 기억하면서 감사드렸고, 앞으로도 저의 생애를 그렇게 인도해 주시길 간구했답니다.

보내주신 글을 읽으면서 "하나님이 하셨어요" 맨 뒷장에 실린 골든터치 주식회사 회장님의 간증이 떠올랐어요. 혹시 그 글을 못 읽으셨으면 다시 한번 찾아서 읽어보세요.

저도 그 글을 읽었을때 너무나도 깊은 감동을 받고, 다른 분들과 나누고 싶어 그분의 간증을 올려 놓았거든요.

정말 뉴욕의 그 많은 사람들 중에서 하필 그 시간에 그 버스를 타게 하시고, 또 여러 승객중에서 그것도 한국이 아닌 미국에서 한국인을 옆자리에 만나게 하신 것도 우연이 아니라고 생각됩니다. 또 그분이 사업에 실패하고 떠나는 여행길에 소지하고 있었다면 분명히 그분이 소중히 여기는 책일텐데, 처음 만난 분에게 그렇게 간곡한 마음으로 드린것 자체도 저는 우연이 아니라는 생각이 듭니다. 하나님께서는 크고 위대하신 분이기도 하지만 우리가 상상할 수 없을 정도로 섬세한 분이시지요. 엄마 배속에 아기의 작은 생명이 시작되고 자라나는 과정만 보아도 저는 하나님의 놀라우신 능력과 섬세하심에 감탄을 한답니다.

하나님께서 많이 사랑하시는 분이라는 생각이 들어요.

그리고 권면하시고 소생시키셔서 하나님의 영광을 위해, 또 사랑하는 가족들과 주위 사람들을 위해 살기 원하시는 하나님 아버지의 소원이 이 모든 일속에 나타나고 있음을 느낍니다.

"세상을 움직이는 사람들은 아무런 역경 없이 탄탄대로를 달려온 사람들이 아니라 역경 속에서 생의 의미를 발견하고 어려움을 딛고 일어서는 힘을 소유한 사람들이다" - 저의 저서 〈승리할 수 있어요!〉에 실린 글인데요. 이 책에서도 저는 이런 고백을 했습니다.

"내가 더 이상 한발자국도 갈수 없는 한계에 도달했을때, 삶의 고비를 이기고 다시 일어설 수 있는 힘과 용기, 생의 의미를 발견하도록 주님께서 도우심으로 내 삶의 역경 또한 가치있게 쓰임받도록 인도하셨다"고…

하나님을 믿는 사람들에게는 역경이 없을까요? 성경속에 믿음의 조상들을 보아도 역경이 없는 삶을 산 것이 아니었더라구요. 오히려 역경 속에서 하나님을 의지하고 순종함으로 다시 일어나 하나님의 영광을 선포한 분들의 이야기로 가득하더라구요.

지금까지 저의 삶에 큰 힘이 되었던 진리는, 하나님께서는 그분을 의뢰하고 순종하는 자들에게 어떤 역경도 이겨 낼 수 있는 힘을 주시며, 또 하나님의 나라와 의를 먼저 구할때 그밖에 모든것을 더하여 주시는 분이라는 것입니다.

아무쪼록 이번 기회에 꼭 그동안 고민해 오셨던 생의 의미를 발견하심으로, 이로부터 오는 삶의 원동력과 영혼의 신선한 에너지로 가득 채워져서 하나님께 영광, 사랑하는 가족들과 주위 사람들에게 축복이 되시며, 선한 영향력을 끼치는 믿음의 용사로 승리하시기를 예수님의 이름으로 기도하며 축복합니다.

위대하고 섬세하신 주님께 감사드리며,
정경주 드림

부족하고 연약해도

바로 엊그제 새해를 맞은것 같은데 벌써 3월에 접어들었다. 3월은 내게 무척 슬픈 달이다. 부모님께서 한 분은 3월 1일에, 한 분은

3월 3일에 소천 하셨기 때문이다. 그래서 3월이 되면 부모님 생각이 더욱 나고, 그리움이 밀려온다. 나는 개인적으로 이 세상의 슬픔 중에서 가장 큰 슬픔이 이별의 슬픔이라고 생각한다. 그러기에 이별의 슬픔이 없는 천국은 참 좋은 곳일거라고 생각하며 천국의 소망을 품는다.

3월은 부모님과 이별한 달이기도 하고, 또한 지난 10 여년간 마음과 뜻과 정성을 다해 진행해 오던 방송과 이별을 하게된 달이기도 하다. 그러기에 나의 마음이 더욱 슬프고 허전하다. 방송을 시작한지 8년이 되었다. 미국에 유학가기 전에 방송을 했던 햇수까지 더하면 12년이 넘었다. 이처럼 오랜 세월 동안 혼신을 다해 섬기던 방송 프로그램을 금년 3월 말에 그만두게 되었다. 지난 날을 뒤돌아보니 그 동안 방송을 통해 애청자 여러분의 사랑을 참 많이도 받았다. 그러기에 사랑하는 애청자 여러분들의 곁을 떠나는 것이 더욱 아쉽고 가슴 아프다.

이처럼 이 세상 사는 동안은 이별의 슬픔과 아픔, 외로움을 피할 수 없는 것이다. 내 주위의 사람들을 보아도, 깊이 알고 보면 슬픔과 아픔이 없는 사람은 한 사람도 없다. 성경속에 위대한 믿음의 선조들도 안일하고 태평한 가운데 하나님의 역사와 능력을 경험한 것이 아니라 깊은 외로움과 아픔속에서 오히려 하나님의 임재와 역사를 경험할 수 있었고, 모세처럼 위대한 지도자도 광야에서 홀로 외롭게 양을 치던 시절이 있었다.

다니엘처럼 큰 지도자가 된 하나님의 사람도 어릴때 부모 형제를 떠나 이국 땅에서 홀로 사자굴에 갇혀 있을 때가 있었다.

국무총리격의 자리에 오른 의로운 지도자 요셉도 가족을 떠나 홀로 감옥에 갇혀 있을 때가 있었다. 얼마나 외로웠겠는가?

예수님도 십자가에서 "엘리 엘리 라마 사박다니 (나의 하나님, 나의 하나님, 어찌하여 나를 버리셨나이까?-마 27:46)"라고 부르짖으셨을때 얼마나 처절한 외로움과 고통을 느끼셨겠는가? 하나님의 아들이신 예수님께서도 이 세상에서 외로움과 고통을 경험하셨기에 우리의 외로움과 아픔을 이해하시리라….

요즘엔 일을 하기는 해야겠는데 여건과 환경은 준비 되어있지 않고, 그렇다고 그 일을 나 혼자의 힘으로 진행해 나갈 힘은 없고…. 참으로 외롭고 막막하다. 그런데 곰곰히 생각해 보니 다른 건 내 마음대로 할 수 없을지라도, 하나님을 의뢰하는 것 만큼은 내 의지로 할 수 있을것 같다. 아니 오히려 내 마음대로 안되기에 하나님을 의뢰할 수 밖에 없는 것이다.

그럼에도 불구하고 때로는 하나님의 말씀에 순종하지 않고 내 맘대로 고집을 부리다가 실수를 할 때도 있고, 그런 상황에서 다시 하나님을 찾아간다는게 쉽지 않다. 그럴땐 괜히 하나님께서 더 이상 날 사랑하지 않으실 것 같은 마음이 들어서 하나님을 피하고 싶어진다. 그래서 혼자 문제를 해결해 보려고 더욱 안간힘을 쓴다.

어느 날 그렇게 하나님을 피하고 싶은 심정으로 앉아 있을때 문득 지난날의 경험이 떠올랐다. 큰 아들이 초등학교 다닐 때의 일이었다. 어느날 아들이 뾰족한 연필을 입에 넣은채 동생과 장난을 치고 있었다. 나는 아들에게 그렇게 뾰족한 연필을 입에 넣고 있다가 잘못해서 넘어지면 다치니까 입에 넣지 말라고 타일렀다.

그런데 아들은 내 말을 듣지 않고 연필을 입에 물은채 동생과 장난을 치며 달려가다가 넘어졌다. 그런데 달려가던 아들이 갑자기 그 자리에 쓰러지면서 비명을 질렀다. 하던 일을 멈추고 달려가 보니 하필 그 뾰족한 연필이 아들의 목구멍을 깊이 찌르는 바람에 연필은 아들의 목에 꽂혀 있었고, 바닥에는 피가 흥건하게 젖어 있었다.

나는 생각할 겨를도 없이 무조건 아들을 차에 태우고 병원을 향해 달려갔다. 그런데 마침 그때가 퇴근시간이라 교통이 꽉 막혀서 도저히 뚫고 나갈 길이 없었다. 앞으로도 못가고 뒤로 돌아갈수도 없고, 날개가 있으면 날개를 펴고 하늘을 날아가고 싶은 심정이었다. 사방이 꽉 막힌 상태에서 휴대폰도 없을때라 어디가서 전화를 빌려 구급차를 부를 상황도 못되었다.

차 속에 앉은 채로 나는 하나님께 부르짖었다. 제발 우리에게 돕는 천사를 보내 주시라고. 그런데 그 기도를 하고 앞을 바라보았는데 바로 내 차 앞에 오토바이를 탄 경찰 두명이 눈에 띄었다. 기도를 하기 전엔 그 경찰들이 눈에 보이지 않았는데 기도를 하고 나니 하나님께서 나의 눈을 열어 앞에 있는 경찰들을 보게 하신것 같았다. 나는 얼른 창문을 열고 그쪽에 대고 소리를 쳤다.

"도와 주세요! 우리 아들이 많이 다쳐서 병원에 가는 길인데 길이 막혀서 갈수가 없어요. 제발 우리를 좀 에스코트 해 주세요!"

경찰은 뒤를 돌아보면서 다급한 음성으로 말했다.

"따라 오세요!"

경찰 두명이 싸이렌을 울리면서 우리 앞에서 달리기 시작했고, 나는 초 긴장 상태에서 그 경찰들만 바라보면서 그들의 뒤를 바짝 따라갔다. 다른 차들은 내 눈에 보이지도 않았다. 무조건 앞만 바라보며 있는 힘을 다해 달렸다. 가슴 조이는 순간들이 많았지만 마침내 무사히 병원에 도착했다. 경찰들은 뒤돌아서 손을 흔들며 우리를 떠나갔다. 나는 차에서 내려서 그들에게 감사하다고 머리를 몇번이나 꾸벅였다. 응급실에 들어가서 아들이 치료를 받는데 나는 아들의 손을 잡고 그를 위해 계속 기도했다. 감사하게도 아들은 다른 큰 문제 없이 치료를 받았고, 얼마 후에 회복이 되었다.

그 일이 있고 난후 나는 생각했다.

엄마가 주의를 주었는데도 엄마의 말에 순종하지 않고 고집을 부리고 가다가 실수로 넘어져 울고 있는데 "엄마 말 안 듣고 네 고집대로 하다가 다쳤으니 어디 한번 아퍼 봐라" 하며 냉정하게 돌아서는 엄마가 있을까? 자녀를 사랑한다면 그렇게 냉혹하게 돌아설 수 없을 것이다.

그런데 좋으신 하나님, 오래 참으시는 하나님, 나를 만드시고 사랑하시며, 내가 기뻐하기를 바라시는 하나님 아버지께서 자녀인 나를 그처럼 냉혹하게 팽개치시겠는가? 그러니 비록 내가 잘못했을 때라도 나는 하나님의 품속에 더욱 가까이 나아가 용서와 도우심을 구하며 하나님을 의지할 수 밖에 없는 것이다.

성경에 보니까 베드로가 주님을 모른다고 세번이나 부인하는 실수를 범했을 때도 주님께서는 그를 용서하시고 오히려 그에게 주님의 일을 맡기셨다. 그리고 도마가 예수님의 옆구리 못 자국에 자신의 손을 넣어보지 않고서는 예수님 부활 하신 사실을 믿지 않겠다며 강한 불신의 표현을 했을 때에도 일부러 도마를 위해 다시 나타나시어 "평강이 있을지어다" 하시면서 도마에게 "너의 손을 내 옆구리에 넣어보아라. 그리고 믿는 자가 되라"고 말씀하시며 그에게 믿음을 더하여 주셨고 격려해 주셨다.

비록 부족하고 연약해도 주님께서 이처럼 나를 용서해 주시고 격려해 주시고 주님의 일을 맡기시기에, 나는 이 세상에서 당하는 슬픔과 역경을 딛고 다시 일어나 가야할 길을 갈 수 있는 것이다.

"그러므로 우리가 긍휼하심을 받고 때를 따라 돕는 혜를 얻기 위하여 보좌앞에 담대히 나아갈 것이니라"(히브리서 4:16)

범사가 기한이 있고

그동안 나의 영혼을 쏟아 부으며 직접 방송 원고를 쓰고, 제작과 진행을 해왔던 방송을 종료하게 되었다. 오랜 시간의 기도끝에 방송을 그만 두기로 결심했지만, 막상 마지막 방송 원고를 쓰려니 아쉬움과 서운함이 밀물처럼 밀려 왔다. 그렇게도 날 사랑해 주고 격려해 주셨던 애청자들을 뒤로하고 떠난다 생각하니 참으로 마음이 서

글퍼졌다. 착잡한 심정을 마음속에 접어두고, 마지막으로 사랑하는 애청자들과 어떤 메시지를 나눌지에 대해 깊이 생각해 보았다.

그런 나의 마음속에 떠오르는 메시지가 있었다. 사랑하는 애청자들을 다시 못만날지라도, 그 무엇보다도 소중한 믿음과 소망을 그분들의 마음에 심어드리고 싶었다. 그래서 나는 그날 믿음과 소망에 대해 나의 영혼을 쏟아붓는 방송으로 마지막 방송을 마쳤다.

마지막 방송을 마치고난 이후 한동안 나는 무덤속과 같은 고요한 시간을 보냈다. 하루하루를 맞는 것이 얼마나 내게 고통스러웠던지…. 교회에 가서 예배를 드리려 해도 눈물만 주루룩 흘러 내렸고, 무슨 기도를 해야할지 신음소리만 나올 뿐 기도도 제대로 나오지 않았다. 찬송을 부르려해도 눈물이 복바쳐서 부를 수가 없었고, 다만 주님 발앞에 앉아서 '주님 앞에, 주님 앞에, 제가 왔습니다…' 라고 흐느끼며 묵묵히 앉아 있는 것이 고작이었다.

이상하게 소화도 안돼 계속 죽만 먹었다. 마음이 허약해지니 왜 몸까지 그렇게도 허약해지는지…. 아픈 건 마음인데 왜 목소리마저 나오지 않는지…. 사람들과 대화하는것 조차도 힘겨워서 전화도 제대로 받지 못했었다. 그처럼 하루하루를 겨우 겨우 견디어 내던 어느날, 주님께서 조용히 찾아와 나를 만나 주셨다. 주님과 나만의 깊은 만남이 시작되었고, 그 소중한 만남은 오랫동안 지속되었다. 신비하게도 주님과의 깊은 만남을 통해, 나의 마음에 치유와 소망이 싹트기 시작했다.

누구 때문에 방송을 그만 둘수 밖에 없게 되었다는 피해의식과 오랫동안 눌려왔던 억압된 감정이 차츰 느슨해 지는가 싶더니 서서히 자유함이 느껴지기 시작했다. 그리고 하나님의 사랑과 능력이 나의 평생에 함께 하실 것이라는 확신과 소망이 마음 속에 스며들기 시작했다.

나는 시편 23편의 말씀을 매일 하루에도 몇번씩이나 묵상하고, 곱씹고, 외우면서 주님의 지팡이와 막대기가 나를 안위하실 것이며, 주님께서 내 머리에 기름 부으심으로 나의 잔이 넘칠 것이라는 믿음을 다지게 되었다, 또한 주님께서는 방송이 아니라도 다른 방법으로 나를 계속 사용해 주실 것이라며 소망과 용기를 북돋워 주셨다.

그러던 어느날 주님께서 내게 말씀하셨다.

"이제 그만 슬픔의 베옷을 벗어 버려라. 내가 너에게 기쁨의 화관을 씌워 주리라."

그 말씀을 듣고 생각해 보니 그동안 나는 슬픔의 베옷을 입고 앉아 있었다. 나도 이제 그만 슬픔의 베옷을 벗어버리고 싶었다. 그리고 주님께서 주시는 기쁨의 화관을 마음 다해 받아들이고 싶었다. 그렇게 나는 주님의 세미한 음성을 듣고, 그 힘을 의지해서 다시 일어섰다. 그리고 새로운 길을 향해 힘찬 발걸음을 옮겼다. 마음을 가다듬고 연세대 연합신학대학원에 입학해서 상담공부를 시작한 것이다.

나이를 먹어서 다시 공부를 시작하는게 쉽진 않았다. 하지만 상담공부를 하면서 내 마음 깊은 곳, 잠재 의식속에 숨겨진 상처의 뿌리를 발견하게 되었고, 그 뿌리를 차츰 차츰 캐내어 가면서 내 안에서 먼저 치유를 경험하기 시작했다. 뿐만 아니라 실습기간 중에도 하나님께서는 나를 하나님의 지렛대로 사용하시며, 상처받은 내담자들의 상처와 가시, 그들의 마음속에 무겁게 짓누르고 있던 돌 덩어리들을 들어올리는 작업을 시작하셨다.

마침내 상담 공부와 임상 실습, 자격증 취득 과정을 모두 마친후 상담 심리치료 센터를 오픈하게 되었을때, 솔직히 처음엔 기쁨보다 두려운 마음이 더 컸었다. 과연 내가 이 일을 잘 해낼수 있을지 염려가 앞섰다. 하지만 주님께서 보내주시는 한영혼 한영혼을 만나 상담을 하면서, 상담은 나의 삶 가운데 큰 보람과 기쁨으로 자리잡게 되었고, 그 일을 즐기면서 할 수 있게 되었다. 많은 사람들이 내게 물었다. 상담을 하다 보면 스트래스를 받지 않느냐고. 그럴 때마다 나는 서슴치 않고 대답한다.

"아니요, 너무 너무 즐겁고 보람을 느끼는데요. 매일 기다려지고 기대되고 그래요. 정말 상담공부 하기 너무 잘했다고 생각하구요, 상담공부를 할수 있도록 인도하신 하나님께 감사한 걸요…."

사실 전에는 하나님께서 내게 상담의 은사를 주셨는지 몰랐었다. 그런데 상담을 하는 중에 적시적기에 지혜와 영감을 공급해 주시는 주님의 임재를 체험하면서, 이제는 상담하는 것이 더이상 두려운 것이 아니라 실제적으로 내 삶의 기쁨과 보람이 되었고, 상담 예약 시간이 다가올수록 하나님께서 어떻게 역사하실지 기대가 되고 기다려졌다. 하나님께서 나의 아픔과 절박함을 통해서 오히려 새로운 길을 탐색하는 기회로 사용하셨고, 또 다른 가능성과 은사가 내 안에 있음을 발견할수 있도록 인도하신 것이다.

가장 가난한 사람은 돈이 없는 사람이 아니라 믿음과 소망이 없는 사람일 것이다. 왜냐하면 모든 것을 잃어도 믿음과 소망을 잃지 않으면 다시 시작할 수 있기 때문이다. 믿음이 없이 소망이 있을 수 없고, 소망 없이 오늘을 살 수 없으며, 내일을 추구하며 힘찬 발걸음을 내딛을 수 없는 것이다.

그동안 나는 깊은 골짜기를 지나면서 지금 내가 어디까지 왔는지 내 인생에 대한 평가와 치유, 회복의 시간을 가졌다. 그리고 이제는 소망을 품고 앞으로의 인생 여정에 새로운 출발을 시작했다. 믿음은 연구하고 분석하고 헤아려보는 것이 아니라, 용기를 가지고 꿋꿋하게 뚫고 나아가는 실현이다. 비록 나의 앞길이 보이지 않고, 내 머리나 생각으로 미래에 일어날 일들을 헤아릴 수 없지만, 이제 나는 꿋꿋하게 새로운 미래를 향해 전진할 것이다.

나는 주님의 능력을 측량할 수 없다. 나를 향한 주님의 계획도 헤아릴 수 없으며, 주님의 무궁한 사랑도 다 이해할 수 없다. 하지만 주님의 견고한 약속을 믿는 마음으로 주님께 나아가면, 주님께서는 이 세상 끝까지라도 찾아 오셔서 고통과 좌절에서 나를 건져내실 것이며, 나의 미래를 책임지고 인도하실 것을 믿는다.

지나온 삶을 돌이켜 다시 살수는 없지만 이제부터라도 나는 무거운 짐을 질질 끌고 가는 삶을 중단할 것이다. 그동안 고통 당한 것으로도 충분하다. 주님의 발 앞에 모든 것 전폭적으로 내려놓고, 약속을 지키시는 주님만 믿고 한걸음 한걸음 따라갈 것이다.

사실 그동안 눈물의 골짜기를 지나면서 잠시 믿음과 소망을 잃었을때 나는 삶의 원동력을 잃어버렸었고, 건강하고 열정적인 삶을 유지할 수 없었다. 그렇기 때문에 나의 삶에 믿음과 소망은 그 무엇보다 소중한 보물이라는 것을 새삼 깨닫게 되었다. 믿음과 소망이 이처럼 소중하지만, 무엇을 믿고 의지하는지도 이와 못지않게 중요하다는 것 또한 내 삶에 교훈이 되었다. 내가 믿고 의지하는 믿음의 대상이 누구인지가 중요하다는 것이다. 나의 믿음의 분량이 얼마나 크고 작은 것이 문제가 아니라, 내가 헛된 것을 믿고 의지했을 때 그 결국은 헛된것으로 끝나게 된다는 것이다.

내 앞에 놓여있는 다리가 믿음직하고 튼실해 보여서 그 다리를 굳게 믿고 뚜벅 뚜벅 강을 건넜지만 그 다리가 나를 끝까지 받쳐줄 수 있는 다리가 아니었다면 나는 목적지에 도달하지 못할 것이다. 이 세상에서 주님 외에 믿고 의지하는 것들은 결국 그렇게 끝이 날 수 있는 것이다. 반면에 나의 믿음이 작아서 조금씩 조금씩 작은 발자국으로 다리를 건널지라도, 그 다리가 믿을만한 다리라면 결국 내가 목적지에 도착할 수 있도록 끝까지 나를 받쳐줄수 있을 것이다. 이처럼 믿음직한 다리가 되어주신 분이 바로 나의 주님이시다.

주님께서 나의 앞길을 인도하시며 함께 해 주실것을 믿기에 나는 이제부터 오직 주님께 순종하며, 주님께 인정받는 자녀가 되기로 마음 먹었다. 사람에게 인정받고, 사람을 기쁘게 하려는 삶을 살아갈 때에 사람의 종이 되어 눈치보고, 잘 보이려 애쓰고…. 그러다 보면 자신이 비참하게 느껴지고, 소신껏 일 할 수도 없게 되는 것이다. 이제부터 남은 삶은, 오직 하나님께서만이 나의 삶을 컨트롤하시도록 할 것이며, 현실에 집착하지 않고 하나님을 기쁘시게 하는 삶을 살기 원한다….

"내 영혼을 소생시키시고 자기 이름을 위하여 의의 길로 인도하시는도다."(시편 23:3)

인생의 계절

금년 여름엔 유난히도 더웠다. 그처럼 덥던 여름도 가을이 오니 슬며시 자리를 양보하고 물러섰다. 이렇게 추수의 결실을 마음껏 누리다 보면 어느새 가지 각색의 나뭇잎들이 다 떨어지고 앙상한 나뭇가지만 남는 겨울이 올 것이다.

아무리 혹독했던 추위도 봄이 오면 어느덧 물러나게 될것이며, 아직도 얼어 붙은듯 보이는 땅속에서 연하디 연한 새싹이 움틀 것이다.

그토록 아름다운 봄을 즐기노라면 어느새 여름이 찾아올것이고, 여름이 오면 연초록 나뭇잎들이 짙은 녹음을 이루게 될 것이다. 이처럼 어김없이 자연의 계절을 다스리시는 하나님께서 내 인생의 계절도 다스리고 계신다는 것을 생각하니 말할수 없는 위로와 감사가 내 마음을 채운다. 나의 인생의 계절을 다스리고 계시는 하나님의 손길을 뒤돌아 본다.

몇 년전에 나는 미국과 캐나다에 간증 찬양 집회를 갔었다. 미국에서 집회를 마치고 캐나다로 가는 길이었다. 피닉스에서 시카고로 가서 그곳에서 비행기를 갈아타고 캐나다에 가는 비행기를 기다리는데, 그날 따라 피닉스발 시카고행 비행기가 5시간이나 연발했다. 피닉스 공항에서 다섯 시간을 기다리다 겨우 시카고행 비행기를 탔다. 그런데 시카고에 도착했을 때 이미 캐나다에 가는 비행기는 떠나고 없었다. 그 비행기를 놓쳤기 때문에 또 다시 4시간을 기다렸다가 캐나다행 비행기에 지친 몸을 실었다. 캐나다 공항에 새벽 1시에 도착했다.

몇 시간이나 늦게 도착한 나를 목사님과 사모님께서 공항에서 기다리고 계셨다. 물론 중간에 시카고에서 전화를 드렸기 때문에 집에 갔다가 다시 나왔다고 하셨지만 나는 목사님과 사모님께 죄송한 마음을 금할수가 없었다. 다행히도 비행기 스케줄 때문에 그렇게 된 것을 아시는 목사님과 사모님께서 너그럽게 양해해 주시고 따뜻하게 맞아주시니 위로가 많이 되었다.

목사님 사모님께서는 나를 차에 태워 예약된 호텔로 데려다 주셨다. 내가 늦게 도착하면 식당이 다 문을 닫을텐데 배가 고플까봐 미리 준비하셨다며 냄비에 든 곰탕과 밥, 깍두기를 건네시며 먹고 자라고 하셨다.

이 땅위에 태어나서 처음 만나는 두분, 게다가 몇 시간이나 늦게 도착해서 새벽 1시까지 기다리시느라 마음 조이셨을 두분이, 이처럼 다정 다감하게 대해 주시니 역시 하나님의 자녀들은 가깝게 느껴질 수밖에 없다는 것을 깨달았다. 그날 새벽 두시에 사랑이 듬뿍

담긴 곰탕을 맛나게 먹었다. 지금도 나는 새벽 두시에 캐나다 호텔 방에서 먹던 그 곰탕맛을 잊을 수가 없다.

다음날 새벽부터 나를 초청한 교회에서 간증 찬양집회가 시작되었다. 그동안의 피로와 마음 고생한 시간들을 다 잊고 온전히 주님의 손에 붙들리어 집회는 은혜 가운데 마쳤다. 사흘 간의 집회를 마치고 목사님과 사모님, 성도님들의 배웅을 받으며 캐나다 공항에서 다시 헤어졌다. 공항에서 그분들과 함께 사진을 찍고 손을 흔들며 하직 인사를 나눈뒤, 나는 출국 심사를 마치고 게이트에 도착했다.

그런데 왠일인가! 이상하게도 또 비행기가 연발한 것이다.

몇시간을 공항에서 기다리다가 마지막 비행기를 타기 위해 긴 줄을 선 끝에 카운터에 도착했을 때 직원이 내게 한 말은 나의 두 다리에 힘이 쭉 빠지게 했다. 그 날의 마지막 비행기에 더 이상 자리가 없다는 것이었다. 몇시간 전에 이미 손을 흔들고 공항을 떠나버리신 목사님과 사모님께 다시 전화를 할수도 없고, 그렇다고 자리가 없다는데 그곳에서 조르고 서 있어 보았자 아무 소용이 없었기에 나는 할 수 없이 공항 근처 호텔에서 하룻밤을 지내고 다음날 아침 비행기로 떠날 수 밖에 없었다.

무거운 가방을 끌고 지친 몸으로 호텔에 체크인을 하고 가방을 여니 그동안 쌓인 빨래거리만 가득했다. 갑자기 마음에 외로움을 느끼며 집이 그리워졌다. 지친 몸을 추스리기 위해 가벼운 식사를 하려고 아래층 식당에 내려갔는데 내 옆 테이블에 은발의 노 부부가 도란 도란 이야기를 나누며 식사를 하고 계셨다.

나는 혼자서 덩그머니 큰 식탁을 차지한채 야채 스프를 주문했다.
주문을 마치고 텅빈 식탁에 혼자 앉아서 주위를 둘러보던 나의 눈
이 다정하게 식사를 하시던 노부부의 눈과 마주쳤다. 나는 그분들에
게 미소를 지으며 인사를 했다.

"안녕하세요?"

아마 누군가와 이야기를 하고 싶으셨는지 묻지도 않는 말에 자신
들이 왜 지금 이곳에 와 있는지 그 이유를 상세히 설명해 주셨다.

"우리는 유럽여행을 다녀왔지요. 유럽의 이골목 저골목을 기웃거
리고 함께 걸으며 아주 즐거운 시간을 보내고 왔답니다. 이제 미국
콜로라도에 있는 집에 돌아가는 길인데 비행기가 연발하는 바람에
모든 승객들이 마지막 비행기로 쏠려서 자리가 없었어요. 그래서 이
곳에서 하룻밤 쉬고 가려고 해요. 어차피 누가 기다리는 사람이 있
거나 약속이 없어서 이곳에서 지내는 하루밤도 이렇게 여유있게 즐
기고 있답니다. 당신은요?"

그런 여유로움이 참으로 부럽게 느껴지는 순간이었다.

나도 지친 마음이었지만 성의를 다해 대답했다.

"아, 그러셨군요. 저는 이곳 한인 교회에서 간증 찬양 집회를 마
치고 내일 남편의 박사학위 수여식에 참석하기 위해 미국 콜로라도
주에 가는 길이었어요. 그런데 비행기에 자리가 없어서 하는 수 없
이 이곳에서 하루밤을 지내게 되었답니다."

겉으론 그렇게 태연한척 하면서도 나는 솔직히 마지막 비행기를
탈수 없어서 짜증나고 지치고, 집 생각나고… 또 내일 오전에 있게

될 남편의 졸업식 리셉션에 참석할수 없다는 우울한 심정을 감출수 없었다. 그런데 나와 정반대로 이 노부부는 이 상황을 긍정적으로 받아들이고, 이시간을 오히려 즐기고 있으니… 그분들의 여유로운 모습 앞에 초조하고 불안해 하는 나 자신의 모습이 더욱 초라하게 느껴졌다.

노부부는 웃으면서 다시 식사를 하기 시작했다. 둘이서 다정한 모습으로 대화를 나누고 있는 그 모습을 보는 나의 마음에 외로움과 부러움이 마구 엉켜 있었다.

그런 심정으로 나는 주님께 하소연겸 투정 섞인 기도를 했다.

"주님, 이담에 제가 저 분들처럼 나이를 먹으면 여자가 무거운 가방을 끌고 오늘은 이곳, 내일은 저곳 돌아다니며 찬양 사역 하기는 힘들겠죠? 그러니 언젠가 제가 더 이상 하나님을 찬양하며, 나를 필요로 하는 사람들을 찾아다니지 못하게 될때를 대비해서 저를 준비시켜 주세요. 숨지는 순간까지 하나님께서 제게 주신 은사와 모든 자원들이 하나님의 영광을 위해 가장 효과적으로 쓰임 받을 수 있는 은혜를 허락해 주세요. 그렇게 마지막 순간까지 하나님 영광 위해 쓰임 받다가 주님 부르실 때 평안히 주님 품에 안기우고 싶어요.

앞으로 제가 이곳 저곳 돌아다니면서 찬양 사역을 할 수 없게 될 때, 한 곳에 가만히 정착하고 있어도 저를 필요로 하는 사람들이 제게 찾아오고, 하나님께 영광 올릴 수 있는 일을 할수 있도록 저를 준비시켜 주시고, 저의 발걸음을 인도해 주세요."

다음날 아침 나는 캐나다 공항에 다시 가서 출국 수속을 하고 겨우 콜로라도 주에 도착하게 되었다. 오전 10시에 졸업생과 가족들을 위해 열렸던 리셉션은 참석하지 못했지만 점심 식사때는 남편과 함께 참석할 수 있었다.

그런 일이 있은지 몇 년후 어느날, 미국에서 목회하던 동생이 한국으로 나오고 싶다는 이야기를 했다. 그래서 나는 기도하면서 동생이 한국에 오면 어떤 사역을 하면 좋을지 생각해 보았다.

그러던 중, 동생이 병원 원목으로 사역을 하면 좋겠다는 생각을 하게 되었다. 그런데 원목으로 사역을 하려면 CPE (Clinical Pastoral Education)-목회 상담 교육을 받고 자격증을 받아야 한다는 것을 알게 되었다. 나는 한국 CPE 사무실에 전화를 했다. 동생을 위해 이것 저것 묻던 나는 좀 거북한 질문까지 해버렸다.

"제가 알기에 미국에서 CPE를 하면 일년 동안 생활비와 교육비를 대준다고 하는데요, 한국 CPE에서도 생활비와 교육비를 주시나요?"

남동생은 한 집안의 가장이니 교육을 받으려면 생활비와 교육비가 필요할 것 같아서 내친 김에 단도직입적으로 물었다. 그런데 그 질문을 마치자 마자 전화를 받던 상대방이 나에게 물었다.

"혹시 정경주 사모님 아니세요?"

금방 돈 이야기까지 다 해버린 마당에 하필 이런 질문을 받다니… 그렇다고 아니라고 거짓말을 할수도 없고 해서, 엉거주춤 대답했다.

"네, 맞습니다… 그런데 어떻게 아셨어요?"

"아, 제가 정경주 사모님 방송 애청자이거든요. 매일 아침 출근 할 때 마다 사모님의 영어방송을 열심히 들었죠. 그리고 토요일에 간증 찬양 방송도 듣구요…. 그런데 오늘 말씀하시는 목소리를 듣다보니 꼭 정경주 사모님 목소리 같다는 생각이 들었어요.”

이제 할 수 없이 전화로 통성명을 할 수 밖에 없었다. 전화를 받으신 분은 한국 CPE의 임원 목사님이셨다. 조금전에 돈 이야기를 꺼내서 좀 부끄럽긴 했지만 한편 날 알아봐 주시니 다행이라는 생각도 들었다. 왜냐하면 동생이 앞으로 CPE 교육을 받게 되면 여러가지 질문도 있을 것이고, 미국에서 살다가 오랜만에 한국에 돌아왔으니 한국 교회 상황도 잘 모를텐데 이 목사님께서 동생에게 멘토가 되어 주시면 좋겠다는 생각이 들었기 때문이다.

전화를 끊은 뒤 나는 동생에게 내가 알아낸 모든 정보를 알려주고 어떻게 생각하느냐고 물었다. 얼마 동안 기도해 본 동생은 CPE를 선택하지 않고 신학 대학의 교목으로 가는 길을 선택했다.

그래서 나는 지난번에 통화했던 목사님께 동생의 결심을 말씀드리기 위해 다시 전화를 했다.

“지난번에 자상하고 친절한 말씀 정말 감사했습니다. 그런데 동생이 기도해 본다고 하더니 오늘 전화가 왔네요. 신학대학 교목으로 가기로 했다는 군요. 많은 도움 주셨는데 죄송합니다….”

그 목사님은 내게 물으셨다.

“그럼, 정경주 사모님이 해보시죠. 사모님이 하시겠다면 이미 수강신청이 끝났지만 제가 총무 목사님께 전화해서 강의 첫시간에 가셔서 등록하고 바로 강의를 들으실수 있도록 조치를 취해 놓겠습니다."

그 말씀을 듣고 전화를 끊은 나의 마음이 설레기 시작했다. 그리고 나는 이렇게 혼자말로 이야기 했다.

"아, 동생은 그 길을 선택하지 않았지만 결국 하나님께서 나를 그 길로 인도하시는게 아닌가?"

나는 이미 이 교육에 대해서 좋은 이미지를 갖고 있었다. 남편과 작은 아들도 미국에서 이 교육을 받았으며, 이 교육에 대해서 서로 주고 받는 이야기를 많이 들어왔고, 이 교육이 사역과 상담에 도움이 된다는 것을 알고 있었기에 이 교육을 받기로 마음 먹었다.

개강일에 가서 강의를 듣기 시작했다. 사역과 상담에 필요한 교육들이었다. 온종일 이 교육을 받다가 저녁때가 되면 원목실 가운을 입고 병실의 환우들을 방문했다. 환우들과 그 가족들은 병실에 들어서는 나의 손을 잡으며 기도를 요청했다. 어떤 환우들은 죽음에 대해서, 죽음 후에 어디로 가는지에 대해서, 천국과 지옥은 정말 있는지? 죽음을 어떻게 준비해야 하는지등에 대해서 상담을 요청했다. 정말 보람되고 뜻깊은 사역의 시간들이었다.

처음에는 신촌 세브란스 병원에서 이 교육을 받으면서 실습을 했다. 그 교육을 마친후에 강남 세브란스 병원에서 2차 교육과 실습을 하게 되었다. 전체 교육을 다 마친후에 수퍼바이저 교수님과 일대일로 상담시간을 갖게 되었는데 그 교수님이 내게 이런 말씀을 하셨다.

"그동안 교육 과정에서 제가 느낀건데요, 정경주 사모님은 지금은 찬양 사역자요, 사모님으로 사역을 하시지만 하나님께서 상담과 컴

뮤니케이션의 은사를 주셨어요. 그러니 앞으로 계속 상담공부를 해서 그 분야에 전문가가 되시면 좋겠습니다. 기도해 보세요.”

그 교수님의 조언을 듣고 난 나의 마음이 다시 설레기 시작했고 나는 그때부터 상담 공부를 하기 위해 기도하며 길을 찾기 시작했다. 때로는 마음속에 이런 부정적인 생각도 들긴 했었다.

‘내가 이 나이에 공부를 다시 시작한다고? 할 수 있을까? 너무 늦은 게 아닐까? 너무 스트레스 받아서 또 갑상선에 문제가 생기는게 아닐까?’ 등 많은 부정적인 생각과 두려움이 나의 발목을 잡았다.

하지만 ‘이제껏 하나님께서는 내가 할 수 없는 일들을 해 오셨고, 지금도 나는 내일 일을 염려하지 말고 오직 오늘 내 앞에 주어진 일에 최선만 다하면 된다. 그러면 하나님께서 내게 능력주실 것이며, 나의 갈 길을 인도해 주실것이다’ 라는 확신이 나의 생각을 지배했다.

그렇게 해서 나는 상담 공부를 시작하기로 결심 했고 미국에 가서 상담학 박사학위를 하기 위해 학교를 알아 보기 시작했다. 캘리포니아 주에 있는 학교에서 상담학 박사학위 입학 허가를 받고 Summer School 부터 시작하기 위해 비행기표까지 사놓았다.

그런데 미국 가기 바로 전에 처음에 나에게 CPE 교육을 권유하셨던 CPE 임원 목사님께서 전화를 하셨다. 그동안 어떻게 지냈느냐고 안부를 물으시기에 사실대로 말씀드렸다. 그 이야기를 들으신 목사님께서 말씀 하셨다.

“정경주 사모님, 상담공부를 하시려면 우리나라에서도 좋은 교육

받으실 수 있는 곳이 얼마든지 있는데, 현재 한국에서 찬양 사역으로 바쁘신 분이 무엇 때문에 미국까지 왔다 갔다 하면서 그 고생을 다하고, 많은 시간과 경비를 들여 공부하려고 하세요?"

그 말씀을 듣는 순간 내 머리가 갑자기 텅 빈것처럼 멍한 느낌이었다. 나는 잠시 마음을 추스리고 말씀 드렸다.

"하나님께서 동생 대신 저에게 CPE를 하도록 목사님을 통해서 인도하셨잖아요. 그런데 또 제가 미국가기 바로 전에 목사님께서 전화하셔서 새로운 길을 제시하시네요…. 제가 기도를 좀 더 해보고 다시 생각해 보겠습니다."

며칠간의 기도와 남편과의 상의끝에 나는 결론을 내렸다. 내가 앞으로 상담학 교수가 되어서 학교에서 강의를 하기 위한 공부라면 미국에서 상담학 박사학위를 받는 것이 좋을 것이다. 하지만, 삶의 현장에서 상담을 통해 사람들을 돕고 하나님께 영광 올리기 원하는 목적으로 상담 공부를 한다면 한국에서 상담공부를 해도 괜찮겠다는 생각이 들었다. 그리고 이 나이에 책상에 앉아서 공부하는 일에 더 많은 시간을 할애하기 보다는 하루 빨리 상담 공부를 마치고, 삶의 현장에서 상담 사역에 더욱 많은 시간을 할애하고 싶었다. 그래서 나는 이렇게 기도했다.

"하나님, 제가요, 미국가는 비행기표 취소하고 한국에서 상담 공부를 하고 싶은데요, 하나님께서 제가 어느 학교에 가서 공부를 해야할지 구체적으로 인도해 주세요."

기도를 마치고 CPE 목사님께 전화를 드렸다.

“제가 기도해 보았는데요, 한국에서 상담 공부를 하기로 했어요. 목사님 생각엔 어느 학교가 좋을지 조언해 주세요.”

목사님께서 여러가지 조언을 해주셨고 나는 결국 연세대 연합신학대학원 상담학과 사무실에 전화를 하게되었다.

전화를 받은 사무실 직원이 이렇게 말했다.

“이미 합격자 발표를 다 마치고 교수님들도 방학중이라서 학교에 안나오시기 때문에 여름 방학 이후에 다시 연락 하셔야 해요.”

나는 순간 생각했다. 여기까지 인도해 오신 하나님께서 여기서 날 포기하게 하실리가 없다고…. 그래서 나는 용기를 내어 다시 질문했다.

“사실은요, 제가 미국에 가서 상담학 박사학위를 하려고 비행기표를 벌써 사놓았거든요. 그런데 연세대 연합신학대학원에서 저를 받아주시면 그 비행기 표를 취소하고 미국 Summer School 을 안 갈 것이구요, 만약에 저를 안 받아주신다면 저는 내일 모래 예정대로 미국으로 가려고 합니다. 그래서 여름방학 끝날때 까지 기다릴 시간이 없거든요. 어떻게 하죠?”

잠시 생각한 여직원은 친절하게 대답했다.

“사정이 그러시다면 제가 상담 대학원장님께 전화를 드려보겠습니다. 방학중이지만 교수님께서 나오시겠다면 제가 전화를 드리지요. 전화번호 주시겠어요?”

“네, 친절에 감사드립니다. 전화 기다리겠습니다.”

전화를 끊고 나는 다시 기도했다. 주님의 인도하심에 따르겠노라고….

잠시후 그 친절한 여직원으로부터 전화가 왔다.

"교수님께서 내일 오후 2시에 학교에 나오시겠답니다. 그러니 그 시간에 학교에 오서서 교수님과 인터뷰를 해 보세요."

그렇게 해서 나는 다음날 학교에 가서 교수님을 만나 인터뷰를 하게 되었고 입학 허가를 받았다. 집에 돌아와 나는 $200 상당의 페널티를 내고 미국행 비행기표를 취소했고, 미국에 있는 학교에 이메일로 사과 메일을 보냈다.

그렇게 상담 공부를 시작한지가 엊그제 같은데 벌써 나는 상담학 교육과 임상실습을 모두 마친 후, 기독 상담. 심리치료 전문가 자격증을 받고 상담 사역을 시작하게 되었다.

전에 CTS에 가서 상담 센터를 오픈할 때 경험했던 경험들을 살려서 나는 아늑하고 편안한 상담소를 꾸몄다. 제일 먼저 마음을 따뜻하게 해주는 크림색 가죽 소파를 들여 놓았고, 바닥에는 짙은 자주색 카페트를 깔아 차분한 느낌으로 받쳐 주었다. 책상과 의자, 책꽂이등, 상담실의 가구도 소파와 같은 크림색으로 했다. 방 전체의 분위기를 밝고 온화하게 꾸미고 싶었기 때문이었다.

탁자 위에는 은은한 조명을 비추어 주는 램프를 준비했고, 벽에는 마음을 편안하게 해주는 그림을 걸었다. 내담자가 눈물을 흘리고 나면 상담실을 떠나기 전에 얼굴을 고칠 수 있도록 커다란 크림색 프레임의 거울도 벽에 걸었고…, 내담자들의 코트를 걸을 옷걸이도 준비했다. 그렇게 하나 하나 섬세한 배려와 정성으로 꾸며진 상담실에 앉아 있으니 마음이 편안하게 가라앉고 생각을 집중하게 하는 아늑

함이 느껴졌다.

그렇게 준비된 상담실에서 상담을 마친 어느날, 다음 예약된 내담자를 기다리며 앉아 있는데 느닷없이 몇 년전에 캐나다에서 하나님께 드렸던 기도가 떠올랐다

"주님, 앞으로 제가 이곳 저곳 돌아다니면서 주님을 찬양하고, 사람들을 도울 수 없을 때가 오면, 한곳에 가만히 앉아 있어도 저를 필요로 하는 사람들이 저를 찾아오고 하나님께 영광 올릴 수 있는 일을 할 수 있도록 저의 발걸음을 인도해 주세요."

이 기도가 떠오르자 나는 무릎을 치며 이렇게 말했다.

"아! 그렇구나! 정말 주님께서 그때의 기도를 이렇게 응답하셨구나. 나는 그 기도를 잊고 있었는데 주님께서는 기억하시고 그때부터 나의 발걸음을 인도하시며 상담 공부를 하게 하셨구나. 정말 이렇게 한 곳에 가만히 앉아 있어도 주님께서 한 영혼 한 영혼 보내주시고, 그들 마음속에 있는 무거운 짐을 들어올리는 하나님의 지렛대로 나를 사용하고 계시는 구나. 와! 우리 하나님 정말 멋지셔요! 저는 생각지도 못했던 일을 하셨네요! 놀라우신 나의 하나님, 감사합니다! 제게 맡겨 주신 이 사명에 충성하겠습니다!"

지금도 나는 간증 찬양사역과 상담을 병행하고 있다.

간증 찬양사역 일정이 있을 때면 상담 예약은 그 시간을 피해서 잡으면 된다. 하지만 앞으로 여자가 나이를 먹으면 찬양사역은 계속하기 힘들것이다. 그러나 상담은 나이를 먹고 경륜이 쌓일수록 더

욱 깊이있게 할 수 있을 것이다. 그러기에 언젠가 찬양사역을 더이상 할 수 없을때, 계속해서 할 수 있는 상담의 길로 나를 인도하시고 준비시키신 것이다. 뛰어나신 지혜와 능력으로 자연의 사계절을 다스리시듯, 나의 인생의 계절을 다스려 주시는 하나님께 감사 드린다.

"아무것도 염려하지 말고 오직 모든 일에 기도와 간구로 너희 구할 것을 감사함으로 하나님께 아뢰라 그리하면 모든 지각에 뛰어난 하나님의 평강이 그리스도 예수 안에서 너희 마음과 생각을 지키시리라"(빌립보서 4:6,7)

시작하시고 이루시는 하나님 

기독상담. 심리치료 교육을 받으면서 여러 분야의 교육과 실습을 통해서 인간의 내면 세계와 나 자신을 이해하는데 많은 도움이 되었다. 또한 상담을 어떻게 접근해야 하는지, 내담자의 핵심감정을 이해하고 공감해 주며 그들의 마음을 읽을 수 있는 상담 스킬, 상한 감정의 치유등, 상담에 유익한 여러 분야의 교육을 받았다. 하지만 개인적으로 나는 이 모든 것들과 더불어 심층 깊은 곳의 영적인 레벨까지 들어 갈 수 있어야 진정한 심리 치료가 가능하다고 믿는다. 인간은 영적인 존재이기 때문이다.

그래서 나는 졸업과 함께 상담.심리 치료 자격증을 받기 위해 필

수 과정인 상담 임상 실습을, 기독교 기관에서 하기 원했다. 왜냐하면 기독교 기관이 아닌 일반 상담센터에서 실습을 하면 영적인 접근과 치유가 자유롭게 진행되기 어렵기 때문이다. 그래서 나는 기독교 기관인 극동방송에 전화를 했다. 상담 자원 봉사자로 섬기고 싶다고….

그런데 하필 극동방송 신사옥을 짓기 위해 임시로 이전하는 바람에 상담 센터를 폐쇄했다며, 일년 반 후에 다시 본사 사옥으로 이전하면 그때 연락 주시겠다고 했다.

하지만 나는 일년 반을 기다릴 수 없는 처지였다. 지금 내가 상담 임상 실습을 하고 싶은 기독교 기관을 정하지 않으면 학교에서 정해주는 일반 상담센터로 가서 임상 실습을 해야 했기 때문이다. 일반 상담센터로 가서 임상 실습을 하면 기독 상담가로서 상담 실습을 하기 어려운 상황이기에 나는 난처한 심정으로 주님께 여쭈었다.

"주님, 극동방송이 안된다면 이제 어디로 가야 하죠? 오늘이 금요일인데 월요일까지 실습할 곳을 정하지 않으면 학교에서 정해주는 곳으로 가야 하는데 어떻게 할까요?"

운전을 하면서 그런 기도를 마치자 마자 전화벨이 울렸다. 남편의 전화였다.

"극동방송에 전화 해봤어? 뭐라고 하셔?"

"극동방송 신사옥을 짓는 동안 임시 장소로 방송사를 옮기게 되었는데, 그곳 공간이 좁아서 상담실을 폐쇄했대. 그래서 일년 반 후에 신 사옥 완공되면 상담실 오픈 할 때 오라고 하시는데 그때까지 기다릴수 없어서 어디로 가야할지 기도하고 있었어.”

“CTS 기독교 TV에 한번 연락해 보지 그래?”

하나님께서 남편을 통해서 나의 발걸음을 인도하신다는 희망적인 생각을 하면서 나는 곧 CTS 기독교 TV에 전화를 했다. 담당자께서 지금 바로 올 수 있느냐고 물었다.

그 길로 나는 집으로 향하던 차를 돌려 CTS로 갔다. 그곳에 가서 담당 목사님의 말씀을 듣고 이것이 바로 하나님께서 인도하신 일이라고 믿어졌다. 담당 목사님께서는 내게 이렇게 말씀하셨다.

“회장님께서 우리 CTS에 상담센터를 시작하자고 몇번 말씀하셨는데 어디서 부터 어떻게 시작해야 할지 몰라서 기도하고 있었어요. 그런데 오늘 사모님이 전화를 주셨기에 반가운 마음으로 오시라고 했지요. 하나님께서 가장 필요할 때 사모님을 이곳에 보내주셨다는 확신이 듭니다. 하나님의 절묘하신 타이밍에 감탄하지 않을 수가 없네요….”

하나님께서는 그분들의 기도를 응답하셨을 뿐 아니라 나의 기도도 응답해 주신 것이다.

그렇게 해서 바로 그날 부터 CTS 기독교 TV 에서 상담 임상 실습을 시작하기로 결정되었다. 아직 아무것도 준비되지 않은 상황이라서 우선 상담실부터 꾸미기로 했다. CTS 사옥의 빈 방에 상담실을 오픈하기로 결정했다.

커튼은 커튼샵을 하시는 어느 집사님이 만들어 주셨다. 그밖에 상담실을 꾸미기 위해 필요한 모든 소품들은 하나 하나 발품을 팔아가며 준비했다. 몸은 힘들었지만 기쁨으로 정성껏 준비했다. 드디어 상담실이 꾸며졌고, 그곳에서 상담이 시작되었다. 상담을 시작하자 소문을 들은 분들이 CTS 상담센터가 어디냐고 계속 문의가 오기에 곧 이어 CTS 상담 센터 웹사이트 제작에 들어갔다. CTS 상담 센터 웹사이트가 제작되는 동안 급한 김에 우선 나의 개인 홈페이지에 CTS 상담 센터 연락처와 위치를 알리는 안내문을 올려 놓았다. 그런데 그 안내문을 읽은 어느 젊은 자매님이 상담 신청을 해왔다. 상담실에 들어선 자매님은 상담실을 찾게 된 동기를 이야기 했다.

마음에 깊은 상처가 있어서 혼자 고민하며 눈물 흘리다가 친구의 권유로 나의 저서 〈하나님이 하셨어요!〉와 〈승리할 수 있어요!〉를 읽게 되었다고 한다. 책을 읽고 난 후에 저자에 대해서 더 알기 원하는 마음이 생겨서 인터넷에 들어가 '정경주'를 쳤더니 나의 홈페이지가 뜨더란다. 홈페이지에서 CTS 상담센터에 대한 글을 읽고 상담 신청을 하게 되었다고 했다. 이 상담센터가 자신을 위해 있는 것 같다며 자매님은 자신의 아픔을 이야기하는 내내 한없이 흐르는 눈물을 닦으면서 겨우 겨우 말을 이어갔다. 자매님의 아픈 마음이 내게도 느껴졌다. 어떻게 해서든지 그 자매님의 상처가 치유받고, 앞으로 하나님의 딸로서 건강한 자아상을 품고 살아가기 원하는 마음이 내 마음을 뜨겁게 했다.

나는 일반적으로 상담 초기에는 영적인 접근을 하지 않는다. 왜냐하면 처음부터 영적인 이야기를 하면 내담자가 반발심이나 적대 감정을 가지고 오히려 마음을 닫아버리거나 멀리 도망가버릴수도 있기 때문이다. 그렇기 때문에 보통 상담을 할 때 예수님에 대해 처음부터 이야기 하지 않고 내담자와 공감해 주며 그의 핵심 감정을 어루만져 주기 위해 마음과 시간을 투자하는데 그날은 달랐다.

그 자매님에게는 먼저 주님을 영접하고 하나님과의 관계를 바로 맺는 것이 가장 우선 순위라는 확신이 계속 나의 마음을 사로 잡았다. 그래서 그날은 상담 이론이나 원칙을 잠시 접고, 나에게 진정한 자유를 주시고 나의 상처와 아픔을 치유해주신 예수님에 대해 허심탄회하게 나누었다.

계속 눈물을 닦으면서 듣던 자매님은 마음을 열고 예수님을 영접했다. 자매님은 앞으로 심리치료를 위해 지속적인 상담을 하러 오겠다 하고 상담실을 나섰다. 다음날 자매님은 내게 글을 보내왔다. 이 글을 통해 더욱 많은 분들이 힘과 용기를 얻기 바라는 마음으로 그 자매님의 동의하에 자매님의 글을 나누기로 했다.

Sent: Wednesday, May 30
Subject: 감사
정경주 사모님
안녕하세요. 어제 상담해주신 자매입니다.
어제 경황이 없어서 감사의 말씀도 제대로 못드려서, 이렇게 감사

의 글을 드립니다. ^^

　어제 상담을 해주신 후에 정말 신기했어요. 만나뵙기 전만 해도 마음이 시리고 많이 어려웠는데 예수님을 마음속에 영접하는 기도를 마친 후에 '예수님이 정말 내 마음에 들어와 계시구나'라는 생각이 들면서 마음이 든든해졌습니다. 저 같이 자아가 강하고 의심이 많은 사람이 예수님을 영접한 이후 자유함, 평안과 기쁨이 느껴지다니 정말 믿어지지가 않아요 ^^ 그래서 계속 '주님 제 마음속에 계시지요?' 라고 묻는데 '그래 내가 여기 있단다. 내가 네손을 놓지 않겠다'고 말씀하시는 거에요. 정말 신기해요 ^^

　그리고 여러 좋은 말씀과 저의 치유를 위해 앞으로 계속 상담을 해주신다고 하셔서 든든한 빽이 생긴 것 같아 정말 감사하고 기쁩니다. ^^

　앞으로도 여러번의 상담이 필요하지만 어제 하루만으로도 변화가 느껴져서 사모님께 감사하고 사모님께로 인도해주신 주님께도 감사를 드립니다.

　저도 사모님처럼은 못하겠지만 세상에 선한 영향력을 끼치는 주님의 자녀가 되어야 겠다고 다짐했습니다. ^^
　평안한 하루 보내세요^^감사합니다!

　자매님의 글을 읽은 나도 기쁘고 감사한 마음으로 자매님에게 답글을 썼다.

자매님,

너무나도 감사하고 기쁜 소식이네요^^*

정말 우리 주님은 인격적인 분이시라서 강압적으로 우리들의 마음에 들어오시지 않고 기다리고 계시다가 우리가 마음 문을 열고 주님을 영접할때 기쁘게 우리의 마음과 삶에 들어오시지요….

자매님의 마음이 그렇게 기쁘고 든든함은 주님의 임재 때문임을 믿습니다.

부디 그 믿음 계속 품고, 주님을 알아가는데 성장하기 위해 성경말씀 묵상과 기도와 성도의 교제를 지속하시기 바랍니다.

그리고 인간은 영적인 존재이기도 하지만 아울러 심리적 어루만짐과 치유도 필요하니까 심리치료를 위해서도 시간과 정성을 멈추지 마시구요. 육신에 암이 생기면 잘라내고 치료를 받아야 하듯이 마음에 상처가 생겨도 치유가 필요하니까요. 부디 주님 손 잡고 승리하세요! 그리고 주님 영광 위해, 이 세상에 선한 영향력을 끼치는 믿음의 지도자로 빛을 발하세요!

주님의 높고 위대하심을 찬양하며,
정경주 드림

이런 메일을 나눈 이후에도 그 자매님은 계속해서 CTS상담실에 와서 상담과 심리치료를 받았다. 그런데 얼마 후에 문제가 생겼다. 나는 매주 화요일에 CTS 상담센터에 가서 상담 봉사자로 섬기는데 그 자매님이 그동안의 휴가를 마치고 다시 회사에 다니게 됨으로 더 이상 화요일마다 상담을 하러 올수 없게 되었다. 자매님과 나는 기도하며 방법을 찾았다.

주 중에는 직장때문에 상담을 하러 올 수 없으니까 주일날 우리 교회에 와서 함께 예배를 드리고 난 후에 점심을 같이 먹고 상담을 하기로 했다. 그렇게 해서 우리가 계획은 하지 않았지만 그 자매님은 자연스럽게 교회에 나오게 되었다.

비록 예수님을 영접한지는 얼마 되지 않았지만 매주 자매님과 만나서 상담을 할 때, 자매님의 영적 성숙과 심리 치료가 향상되는 모습을 보며 너무나도 감사했다. 자매님은 회사에 나가서 근무도 열심히 하고, 회사 음악 동아리에 참여하여 바이올린도 배우며 우울 증세도 많이 좋아졌다고 했다.

그렇게 해서 CTS기독교 TV에서의 상담 임상 실습이 시작 되었고, 그 이후 6개월간의 상담 임상 실습을 주님의 은혜가운데 마칠수 있었다. CTS 에서의 임상 실습 기간을 마친후, 'CTS실습도 끝났는데 이젠 어디로 가지?' 생각하며 기도하는 나를 하나님께서는 또 다른 새로운 계획을 가지고 한걸음 한걸음 인도하셨다.

생각지도 않고, 계획하지도 않았던 개인 상담 센터를 오픈하게 하신 것이다. 지금 생각해 보면 그때 내가CTS에 임상실습을 하러 가서, 아직 아무것도 준비되어 있지 않은 상태에서 상담센터를 오픈하기 위해 필요한 모든 소품들과 웹사이트 제작등, 그런 일들을 직접 경험해 본 것이 참으로 많은 도움이 되었다.

그때 나는 나중에 개인 상담센터를 오픈하리라고는 생각지도 않았지만, 그때의 그런 경험들이 지금 개인 상담센터를 오픈할 수 있는 용기와 터전이 되었다. 물론 임상실습을 하러간 사람의 입장에서 발품을 팔아가며 필요한 물품들을 준비하고 상담실을 오픈하는 일이 쉽진 않았다. 하지만 지금 생각하면 그것도 하나님께서 예비하신 축복의 기회였음을 깨달으며 나에게 그런 기회를 허락하신 하나님과 CTS에 마음 깊이 감사한다.

"너희 안에서 행하시는 이는 하나님이시니 자기의 기쁘신 뜻을 위하여 너희로 소원을 두고 행하게 하시나니"(빌립보서 2;13)

가장 잘 사는길 

어느날 장로님 한분이 내게 찾아와서 말씀하셨다.

"정교수님, 저는 일생동안 영화사 사장이자 감독으로 일해왔습니다. 그런데 이제 70세를 맞아 은퇴하기 전에 마지막으로 하나님께 영광 올려드릴 작품을 만들어서 하나님께 올려드리고 싶어요.

그래서 어떤 작품을 만들까 기도하면서 시장 조사를 했지요. 그런데 이상하게 우리나라에 이렇게 큰 교회가 많은데 제대로 만들어진 영상찬양 DVD가 별로 없더라구요. 그래서 제 인생 마지막 작품으로 영상 찬양집을 만들어서 하나님의 손에 올려드리고 싶은 소원이 생겼습니다. 아내와 함께 시중에 나와 있는 찬양 CD들을 사다가 몇

날 며칠 밤새워 들어보고 난 후, 정경주 교수님의 찬양으로 영상찬양집을 만들고 싶어서 이렇게 찾아왔습니다.”

그때 나는 여러가지 일들이 겹쳐서 몸과 마음이 지칠대로 지쳐있었다. 그런 나에게 영상 찬양집을 만든다는 생각만 해도 부담스러웠다. 그동안 찬양 CD를 여러번 만들었지만 단 한번도 쉬운 적이 없었다.

눈물의 기도와 땀과 수고를 마다하지 않고 일년동안 해산의 고통을 견디어 내야만 한장의 찬양CD가 탄생하는데, 게다가 영상 촬영까지 함께 하려면 얼마나 더 어려울까 생각하니, 선뜻 엄두가 나지 않았다. 하지만 “은퇴하기 전에 마지막으로 하나님께 영광 올려드릴 작품을 만들어서 하나님께 올려드리고 싶다” 는 장로님의 말씀에 감동되어 함께 영상 찬양집을 만들기로 결심했다.

그때부터 나와 촬영팀은 추위와 더위를 무릎쓰고 경치 좋은 곳을 찾아다니며 열심히 촬영을 했고, 온갖 고생 끝에 영상 찬양집이 완성되었다. 어느 추운 겨울날 장로님은 완성된 영상찬양 DVD를 내게 주신후, 돌아서면서 이렇게 말씀하셨다.

“정교수님, 이렇게 하나님을 찬양하는 영상 찬양 DVD를 만들어서 하나님께 영광 올리게 된 것, 제 일생에 큰 보람과 기쁨입니다…”

장로님과 헤어진 후 나는 집에 돌아와 영상 찬양 DVD를 켜보았다. 하나님께서 창조하신 아름다운 자연속에서 주님을 찬양하는 모습을 보았을 때 나의 양볼에 눈물이 흘러 내렸다.

우리나라에 나보다 노래도 잘하고 젊고 건강하고 아름다운 사람들이 얼마나 많을텐데 왜 하나님께서 나같이 연약하고 미흡한 사람에게 이런 작품을 만들수 있는 축복을 허락하셨을까? 생각하며 나는 눈물섞인 찬양을 불렀다.

"왜 날 사랑하나… 왜 날 사랑하나…."

너무나도 감격해서 한마디 한마디 겨우 찬양을 이어가는 내 마음 속에 주님께서 말씀으로 화답해 주셨다.

"하나님이 사랑하시는 자들을 위하여 예비하신 것은 눈으로 보지 못하고 귀로 듣지 못하고 마음으로 생각지도 못하는도다"(고린도 전서 2:9)

그 이후 어느날 나의 휴대폰에 문자가 남겨져 있었다.

그 장로님께서 소천 하셨다는 내용이었다. 나는 너무나도 큰 충격에 그 문자를 믿을 수가 없었다. 바로 얼마 전에 영상 찬양 DVD를 가지고 오셨을 때만 해도 그렇게 건강하고 정정하셨던 분이 왜 이렇게 갑자기 소천을 하셨는지 도저히 믿어지지 않았다. 그날 밤 나는 방송국 직원과 같이 병원 영안실을 찾아갔다. 밤늦게 찾아 갔는데도 미망인 권사님과 두 자녀가 영안실을 지키고 있었다.

고인께 묵례를 올리고 난 후 가족들을 향해 다가갔을 때 권사님은 내 손을 잡고 말씀하셨다.

"우리 장로님이 심근경색으로 돌아가셨는데 찬양을 얼마나 사랑하셨는지 숨 지는 순간까지 찬양을 들으며 주무시듯 편안하게 가셨어요…."

흐느껴 우시는 권사님의 손을 잡고 뭔가 위로의 말씀을 드리고 싶은데 무슨 말씀을 드려야 할지 내 마음도 한없이 무거웠다. 그런 나의 마음 속에 문득 우리 주님께서 잡히시기 전날밤에 하신 말씀이 떠올랐다.

"아버지께서 내게 하라고 주신 일을 내가 이루어 아버지를 이 세상에서 영화롭게 하였아오니…."(요한복음 17:4)

이 말씀에 이어 장로님께서 마지막으로 하신 말씀도 떠올랐다.

"정교수님, 이렇게 하나님을 찬양하는 영상 찬양 DVD를 만들어서 하나님께 영광 올리게 된것, 제 일생에 큰 보람과 기쁨입니다…."

그 말씀들이 떠오르자 나는 권사님의 손을 잡고 힘주어 말했다.

"권사님, 우리 주님께서도 잡히시기 전날 밤에 '아버지께서 내게 하라고 주신 일을 내가 이루어 아버지를 이 세상에서 영화롭게 하였아오니…' 라고 말씀 하셨고, 장로님께서도 제가 마지막 뵈었을 때 '하나님을 찬양하는 영상 찬양 DVD를 만들어서 하나님께 영광 올리게 된것, 제 일생에 큰 보람과 기쁨입니다' 라고 말씀하셨어요. 우리도 언젠가 이 세상 떠날 때 우리 주님처럼, 장로님처럼, '아버지께서 내게 하라고 주신 일을 내가 이루어 아버지를 이 세상에서 영화롭게 하였나이다' 라고 말하며 주님 품에 안기울수 있다면 우리 인생 가장 잘 산 것 아니겠습니까? 우리도 그렇게 삽시다…."

권사님도 잡고 있던 나의 손을 더욱 힘주어 잡으셨다.

누군가 말하기를 "후회 없는 하루가 후회 없는 인생을 만든다"고 했다. 나는 오늘 하루를 후회 없는 하루로 살고 있는가?

이 세상에서 둘째 가라면 서러울 정도로 모든 것을 다 해보고, 모든 부귀 영화를 다 누려 보았던 솔로몬의 고백은 항상 "헛되고 헛되도다 해아래 모든 것이 헛되도다" 였다. 전도서의 말씀을 보면 솔로몬은 이렇게 말한다.

"무엇이든지 내 눈이 원하는 것을 내가 금하지 아니하며 무엇이든지 내 마음이 즐거워 하는것을 내가 막지 아니하였으니…."(전도서 1: 10)

전도서 2장에 보면 그는 사업을 크게 번창하게도 해보았고 자신을 위하여 포도원을 심고 각종 과목을 심기도 했으며, 노래하는 남녀와 인생들의 기뻐한 처와 첩들을 많이 두었다고 스스로 말했다. 그처럼 모든 부귀영화를 다 누려보았고, 하고 싶은 것들을 다 해본 솔로몬 왕의 고백은 "해 아래 모든 것이 헛되다" 는 것이었다. 그러기에 그의 마지막 결론은 이것이었다.

"일의 결국을 다 들었으니 하나님을 경외하고 그 명령을 지킬찌어다. 이것이 사람의 본분이니라"(전도서 12:13)

허무한 인생길 가는 동안 이것 저것 다 해보아도 결국 하나님을 경외하는 삶이야말로 곧 인간의 본분이라는 현자의 말에 나도 공감한다. 우리의 미래는 알 수가 없다. 하나님께서 언제 우리를 이 세상에서 불러가실지 아무도 모르며, 내일이라는 날이 항상 내게 있는 것이 아니다. 그러기에 오늘이라는 날에, 아버지께서 내게 하라고 맡기신 일을 내가 이루어 아버지를 이 세상에서 영화롭게 하는 삶이야말로 인생을 가장 잘 사는길이 아니겠는가!

"아버지께서 내게 하라고 맡기신 일을 내가 이루어 아버지를 이 세상에서 영화롭게 하였사오니….”(요한복음 17:4)

두려움에서 안심으로…

나는 아버지께서 췌장암 말기로 병원에 입원하셨다는 소식을 듣고 아버지를 뵙게 위해 미국에 가기로 했다. 아버지의 소식을 듣고 난 나는 지금 우리 아버지에게 가장 필요한 것이 무엇일까 생각해 보았다. 지금 우리 아버지에게는 좋은 집도, 자동차도, 멋진 옷도, 교육도, 세상 낙도 다 소용이 없을 것이다. 심지어는 가족도, 친구들마저도 아버지가 가시는 길을 함께 갈 수 없을 것이다. 그런 생각을 한 나는 아버지를 위해 기도했다.

"하나님께서 언제 우리 아버지를 불러가시든지 아버지의 영혼에 하나님 만날 확신과 영생의 소망으로 채워 주시고, 육신의 고통 없이 하나님 품에 평안히 안기우게 해주세요….”

우리 아버지께서 그렇게 하나님의 품에 안기우시면 나도 평안히 아버지를 하나님께 보내드릴 수 있을 것 같았다.

그런 나의 심중에 "우리에게 우리 날 계수함을 가르치사 지혜의 마음을 갖게 하소서"(시편 90:12)라는 말씀이 떠올랐다. 걱정 근심 때문에 하루를 헛되이 낭비하지 말고, 어찌할수 없는 일 때문에 오늘을 망치지 않게 하시며, 지금부터 모든 하루 하루를 보람되고 가치있게 보내기 바라는 마음이 간절해졌다. 흐르는 시간을 멈출 수 없듯이 우리 인생은 참으로 빠르게도 지나간다. 이처럼 빠르고 무상하게 지나가는 인생을 방황하며 살다가 알지 못하는 미지의 세계로 홀로 떠나는 것이 아니라, 이 세상 사는 동안에도 우리를 만드신 하나님께서 우리와 함께 하시고, 이 세상 떠나 영원한 나라로 갈 때에도 그 하나님께서 함께 계실 것이라는 확신이 아버지를 보내려는 나의 마음에 유일한 위로가 되었다.

미국에 도착하니 아버지는 말기암 환자로 뼈만 앙상해서 병상에 누워 계시고, 어머니는 금방 있었던 일도 기억을 못하시는 상태에서 "아니 내가 왜 이렇게 되었나?" 라고 스스로 자문하시는 모습이 참으로 내 마음을 우울하게 했다. 우리 형제들은 이러한 상황에서 당혹과 근심으로 오랜만에 만났음에도 아무말 못하고 무거운 침묵만이 한참 흘렀다. 어머니도 말할수 없이 쇠약해 지셨다. 정말 갑자기 이런 일을 당하니까 어떻게 해야 할지를 몰랐다. 이처럼 어두운 상황에서 오직 그 어두움을 빛으로 밝힐수 있었던 분은 역시 우리 가운데 살아 계시고 역사하시는 임마누엘 하나님밖에 안계심을 절박하게 실감하는 시간들이었다.

그런 상황에서 나는 '주만 바라 볼지라'는 찬송을 수없이 마음속으로 부르면서 우리의 작은 신음까지도 들으시는 주님을 의지할 수밖에 없었다. 아버지께서 계시던 병원에서는 어머니가 함께 계시며 치료를 받으실 수 없었고, 또 이제 더 이상 아버지도 치료할 수 없으니 집으로 모시고 가라고 했다. 그런데 그런 상태에 계시는 부모님을 사시던 집으로 모셔다 드릴 수도 없고, 우리가 살고 있는 한국에 모시고 오자니 아버지께서 비행기를 탈 수도 없는 상황이었다. 그렇다고 어머니만 한국으로 모셔올 수도 없고 해서 하나님께 기도할 수 밖에 없었다.

그렇게 암울하게 지내던 어느 날 눈물의 기도를 들으신 주님께서 일하기 시작하셨다. 하나님께서 우리 상황에 가장 적합하고 지혜로운 길을 열어 주신 것이다. 요양 병원인데 보통 남자와 여자 환자들이 다른 병동에 입원해 있고 한 방에 환자 세 사람씩 있게 되어 있는 병원에서 부모님을 한 방에 나란히 침대를 두개 놓아주고, "부부방"이라며 선처를 해 준 것이다. 그뿐만 아니라 한국인 의사와 간호사, 한국 음식들을 제공 받을 수 있도록 인도해 주셨다. 그 병원에서 오랫동안 일하시던 한국인 직원 한분이 우리 어머니를 보시더니 반가워 하며 이렇게 말했다.

"어머, 전도사님. 전에 우리 병원에 오셔서 항상 예배 인도해 주시고 그렇게 충성되이 봉사 하시면서 도움 주셨는데 이제는 저희가 특별히 정성 다해서 모시겠습니다."

그분은 진심어린 얼굴로 그렇게 이야기 하면서 어머니의 두손을 감싸 쥐셨다. 우리 부모님에게 돕는 천사를 보내주시라고 하나님께 기도했는데 이분이 바로 하나님께서 보내주신 천사임을 깨닫게 하는 순간이었다.

사방에 어두움이 짙게 둘러싼듯한 상황에서도 주님께서는 우리에게 다시 밝은 빛을 비추어 주셨다. 하루는 소셜 워커하고 인터뷰를 했다. 물론 병원에서 의사와 간호사가 의학적인 도움을 주지만 소셜 워커를 만나서 호스피스 서비스를 받을수 있는지 물었다. 호스피스 스태프들은 병원에 와서 아버지를 가장 편안하게 계시도록 해 드리고 목욕을 시켜 드리고 옷을 갈아입혀 드리고 돌아가실 때까지 전문적인 도움을 주게 될텐데 소셜 워커가 소개해준 호스피스 책임자를 만나 이야기 하던중 나는 하나님의 인도하시는 손길을 다시금 느끼며 감사의 눈물을 흘렸다. 그분과 이런 저런 사무적인 이야기를 나누다가 그분이 내게 물었다.

"아버님께서 죽음을 맞을 준비가 되셨나요?"

나는 확신을 가지고 그분에게 대답했다.

"네. 아버지께서는 그를 만드신 창조주 하나님의 품으로 돌아가실 준비가 되셨어요. 아버지께서 자녀들에게 고백하시기를 하나님께서 아버지의 모든 죄를 용서해 주시고 자녀 삼아 주셨으며, 이제는 살 만큼 살았으니 하나님께로 돌아갈 준비가 되셨다고 말씀 하셨어요. 그리고 이제 천국 가는 길을 찾았고, 좋으신 하나님 아버지 품에 가니까 자녀들에게 울지 말고 웃으라고 당부하셨어요."

그러자 그 남자는 갑자기 눈물을 흘리면서 내게 물었다.

"자매님, 자매님도 크리스천이십니까?"

그 질문을 들은 나는 이렇게 대답했다.

"네, 그렇습니다. 그러기에 이런 상황에서 우리를 만드신 창조자 하나님을 바라보고 의지할수 있다는 것이 저에게 유일한 소망이며 위로를 주는군요…."

그는 잠시 자리를 떠났다 돌아온 동료 스태프에게 밝은 얼굴로 말했다.

"이 가족은 크리스천이래. 그리고 아버님도 하나님을 만날 준비가
되셨대."

그렇게 이야기 하고는 부모님이 계시는 방으로 들어가 한분 한분
포옹을 해드리고 손을 꼭 잡아드리고 나서는 말했다.

"저도 크리스천이에요. 우리는 모두 한 아버지를 모신 형제요 가
족입니다. 정말 아름다운 가족이에요."

그렇게 말하고는 한국으로 돌아와야 하는 나의 심정을 헤아리듯
내 손을 꼭 잡고 다시 확신을 주었다.

"걱정말고 가세요. 우리가 부모님을 잘 돌보아 드릴게요."

그분은 하나님께서 우리에게 보내주신 또 한분의 천사였다.

우리 형제들은 아버지의 병실을 나와 어머니께서 20여년간 전도
사님으로 섬기시던 교회에 가서 목사님을 뵈었다. 목사님께서는 우
리를 이렇게 위로해 주셨다.

"전도사님께서 지난 20년 동안 저희 교회에서 오직 주님. 오직 교
회밖에 모르고 월급도 다 교회에다 바치고 무보수로 그렇게 열심히
섬기셨는데요. 우리 목사들 다 합해도 전도사님의 열정을 따라 갈
수 없었어요. 그런 전도사님을 저희가 잘 모셔야지요. 아버님 천국
가시게 되면 장례식도 아무 염려 마십시요. 저희 교회가 할 수 있는
모든 도움을 드리겠습니다. 현재 상황으로는 그 요양 병원에 계시는
것이 최선의 길이라고 믿습니다. 아주 좋은 곳입니다."

목사님의 말씀을 들으니 한결 더 위로가 되었고 마음이 든든해
졌다. 성도님들은 우리에게 이런 말씀을 해주셨다.

"그동안 전도사님께서 하나님 위해 심으신 것들 이제 거두시는 거예요. 하나님께서 잘 돌보아 주실 테니 두고 보세요. 걱정 안하셔도 돼요."

정말 하나님께서 돕는 천사들을 보내주심으로 큰 슬픔속에서도 감사와 위로로 채워 주셨다.

그 후 한국에 돌아온 나에게 아버지가 위독하시다는 소식을 듣고 다시 달려 갔을 때 아버지께서는 자녀들에게 확신시켜 주시듯이 또 다시 이렇게 말씀하셨다.

"얘들아, 내가 이제 좋으신 아버지 품에 간다. 천국가는 길을 찾았어. 이제 내가 좋으신 아버지 품에 가니까 너희들 내가 간다고 울지 말고 웃어라. 이렇게 좋으신 하나님을 진즉 믿었더라면 좀 더 일찍 하나님을 섬기고, 하나님을 몰라서 못믿는 불쌍한 사람들에게 하나님을 알게 해주고 가면 좋았을 텐데 그렇게 하지 못한게 하나님께 죄송하다. 너희들이 제발 그렇게 살면 좋겠구나…."

아버지는 그런 유언을 남기시고 평안히 주님 품에 안기우셨고, 우리 오남매는 아버지의 부탁대로 그렇게 살기로 마음속에 굳게 다짐했다.

나는 부모님의 삶과 죽음을 지켜 보면서 확실하게 깨달은 것이 있다. 하나님께서는 우리가 하나님을 위해 심을 때, 그 헌신을 기억하시고 몇배로 갚아주시는 분이시며, 무엇을 심든지 심는대로 거두게 된다는 것을.

그리고 우리가 어두움 가운데서 어찌해야 할지 모르는 슬픈 상황
에서도 하나님께서는 돕는 천사들을 보내 주시고 밝은 빛으로 우리
를 인도해 주시는 분이시라는 것을.

세상의 염려와 두려움이 우리를 급습해 올때, 이를 막을 수는 없
지만, 그 가운데서도 빛으로 비추시며 우리의 가슴을 하나님의 사랑
으로 가득 채워 주시는 하나님께 감사와 영광을 돌린다.

"보라 하나님은 나의 구원이시라 내가 의뢰하고 두려움이 없으리니 주
여호와는 나의 힘이시며 나의 노래시며 나의 구원이심이라 그러므로 너
희가 기쁨으로 구원의 우물들에서 물을 길으리로다"(이사야 12:2-3)

"영향력! (INFLUENCE!)

친정 아버지가 소천하시고 난후 몇년이 지난 어느 여름날, 외출에서 돌아온 나에게 남편이 느닷없이 물었다.

"당신이 만약 미국에 장례식엘 가야 한다면 언제가 가장 좋을까?"

가슴이 철렁했다. '누가 돌아가셨을까?' 문득 연로하신 시아버님의 모습을 생각하며 남편에게 되물었다. 친정 어머니와 친정 아버지는 이미 천국에 가 계시기에 문득 생각하니 이번엔 시아버님이 아니실까? 생각되었다. 시어머님은 얼마전에 미국에 가서 뵈었을때 건강하셨지만 시아버님은 건강이 안좋아지셔서 병원에 계신 걸 뵙고 왔기 때문이다.

"혹시 아버님 소천하셨어요?"

남편은 미소를 지으면서 응답했다.

"음. 지금 우리 아버지 천국 입성 잔치에서 얼마나 기뻐하고 계실까? 아마 덩실덩실 춤을 추고 계실거야!"

아닌게 아니라 시아버님 소천 소식을 듣는 순간 제일 먼저 내 마음속에 떠오르는 말이 바로 이것이었다.

"주님, 본향 집에 가서 주님을 만나는 그날은 얼마나 영광스러운 날일까요! 저는 주님을 뵈올 그날을 손꼽아 기다리고 있습니다."

　내가 기억하는 시아버님은 늘 이런 말씀을 하시며 성경을 읽고 계셨다. 아무리 그렇다 해도 나는 내심 놀랐다. 왜냐하면 나는 우리 아버지 어머니 소천하셨을때 천국에 가셨다는 확신과 함께 감사한 마음도 있었지만 울어도 울어도 눈물이 끝이 없을 정도로 한없이 쏟아져 내렸는데, 남편은 어떻게 저렇게 미소를 지으면서 시아버님의 소천 소식을 말할 수 있을까? 정말 의아할 정도였다.

　게다가 더욱 나를 놀라게 한것은 시어머님의 담대한 모습이었다. 시어머님은 미국에서 전화를 하셔서 이렇게 말씀을 하셨다.

　"아버지는 숨 지는 순간까지 주위 사람들을 도와주고, 같은 방에 있는 환자에게 전도 하셨어. 오늘도 평소처럼 식사 하시고, 옆에 있는 사람에게 전도도 하시고, 또 오후에는 병원에 찾아온 어린아이들과 함께 놀아 주셨지. 그리고 저녁 식사를 마치신 후에 이제 가서 자야겠다고 하시더니, 그길로 그렇게도 그리워 하시던 천국으로 평안히 가셨단다.

　아버지가 소천하시자 마자, 아버지가 몸을 기증한 기관에서 와서 아버지를 모셔 갔어…. 지금 이땅에 계시지 않는데 너희도 지금 이곳에 와서 장례식을 할 필요가 없단다. 아버지께서 평소에 원하시던 것은 소천하면 기관에다 몸을 기증해 달라고 하셨고, 장례식 한다고 비싼 관 사고 장례식장 빌리지 말라고 하셨어.

　그리고 바쁜 사람들 갑자기 만사 제치고 여기 저기서 달려와, 이땅에 없는 나를 위해 울지 말라고 하셨어. 그 대신, 정 서운하면 편한 시간에 올 수 있는 사람들끼리 모여서 예배만 드려 달라고 부탁하셨단다. 그러니 너희들도 지금 한참 성수기라서 비행기 값도 비싸고 갑자기 오려면 일정을 정리하기도 힘들텐데 나중에 9월 27일, 아버님 생신때 함께 모여 추모 예배를 드리면 어떻겠니? 그때 올 수 있겠니?"

시어머니의 뜻대로 9월 27일, 시아버님의 87세 생신날 우리는 미국에 가서 시아버님의 추모 예배를 드리게 되었다. 추모 예배는 시아버님께서 평소에 부탁하신데로 목사 아들인 나의 남편이 인도 했고, 나는 시아버님이 원하신데로 〈예수 인도 하셨네〉, 〈마침내 본향 집에〉라는 찬송을 부르며 시아버님의 뜻을 기렸다. 시아버님은 사남매를 자녀로 두셨는데, 네 자녀들과 그들의 배우자들 한 사람도 빠짐없이 모두 아버지의 추모 예배에서 성경 말씀 낭독과 기도, 인사말씀… 등 예배 순서에 동참했다.

예배 도중에 몇몇 분들이 한 사람씩 자발적으로 자리에서 일어나 시아버님이 자신들을 어떻게 예수님께 인도하셨는지에 대한 간증을 했다. 또 다른 분들은 자리에서 일어나 시아버님이 자신들의 삶에 어떤 선한 영향력을 끼쳤는지에 대해 나누면서 고인을 추모했다. 그 중에는 어린 남자 아이도 있었다. 검정 양복에 검은 넥타이를 메고 머리를 정성껏 빗은 남자 아이가 자리에서 일어나더니, 시아버님이 자신을 어떻게 예수님께 인도했는지에 대해 이야기 하면서, 자신도 이 담에 크면 그분처럼 예수님을 전하는 삶을 살고 싶다고 말했다. 시아버님이 더 이상 이 세상에 안계시다는 사실이 슬프긴 했지만 정말 아름답고 의미있는 시간이었다.

추모 예배를 마친후 리셉션실에 가서 오랫 동안 만나지 못했던 친지들과 함께, 시아버님의 살아온 발자취를 담은 파워포인트 프레젠테이션을 보았다. 가장 많이 보이는 모습은 성경을 읽고 계신 모습이었으며, 사람들에게 하나님의 말씀을 전하시는 모습이었다. 한참 리셉션이 무르익어갈 즈음, 어떤 남자분이 내게 다가오더니 이런 말을 했다.

"난 솔직히 지금까지는 신앙심이 깊은 기독교인이 아니었지요. 그런데 앞으로 나의 삶이 달라질 것입니다. 오늘 그 분의 영향력을 보았기 때문이지요…."

어떤 남자분은 파워포인트 프레젠테이션이 다 끝났는데도 그 자리에 앉아서 깊은 생각에 잠겨 있었다. 홀로 앉아 있는 그의 모습이 외로워 보여서 나는 그에게 다가갔다. 옆에 가서 목례를 했더니 그 남자분은 나를 바라보며 쓸쓸한 모습으로 이런 말을 했다.

"저분의 삶을 보니 나는 그동안 인생을 헛살았다는 생각이 듭니다. 나는 이제껏 좋은 아빠가 못되었지요. 아내와도 이혼했구요…. 참 마음이 많이 아픕니다…. 이제 남은 삶 동안 손자 손녀들에게라도 좋은 할아버지가 되기로 마음 먹었어요. 오늘 저녁에 아들과 며느리, 그리고 손자 손녀들과 함께 저녁식사를 해야 겠어요."

어떤 젊은 남자 분은 이런 말씀을 하셨다.
"정말 오늘 추모 예배를 통해 그분이 사람들의 삶에 남기고 가신 영향력을 보면서 남은 삶을 어떻게 살아야 할지 깊이 생각했어요. 'INFLUENCE!' (영향력!) 바로 그거에요. 나도 저분처럼 남은 삶 동안 내 주위에 있는 한 사람 한 사람에게 영향력을 끼치는 삶을 살고 싶어요….”

그 외에도 여러 분들이 시아버님의 삶을 통해서 자신의 삶을 돌아 보고, 앞으로 남은 삶을 어떻게 살아야 할지, 또 천국갈 준비를 어떻게 해야 할지 생각하게 되었다는 고백을 했다. 나는 그분들의 말을 들으면서 마음 속으로 이렇게 생각했다.

'평소에 하나님과 동행하는 삶을 산 사람은, 이 세상을 떠난 이후에도 선한 영향력을 남기는 구나!'

하나님께서 나의 삶에 행하신 일들을 기록한 이 책도 하나님을 영화롭게 하고, 주위에 한 사람 한 사람에게 선한 영향력을 끼치는 하나님의 도구로 쓰임 받길 갈망하며 이 글을 맺는다.

선한 영향력을 기대하며 –

정경주

“우리는 그의 만드신바라 그리스도 예수 안에서 선한 일을 위하여 지으심을 받은 자니 이 일은 하나님이 전에 예비하사 우리로 그 가운데서 행하게 하려 하심이니라”(에베소서 2:10)

정 경 주 사모

■ 연락처
- http://www.chungkyungjoo.net
- E-mail : kaywerho@gmail.com

■ 약력 및 활동사항

- 정경주 상담. 심리치료 디렉터 (www.counseler.co.kr)
- Chung Kyung Joo Ministry 대표 (www.chungkyungjoo.net)
- 국내 및 해외 교회, 기독교 기관, 가정 사역, 여성 사역 세미나 강사, 간증 찬양 사역자
- 베스트 셀러 저자 – "하나님이 하셨어요!", "승리할 수 있어요"
- 전 CTS 기독교 TV 상담센터 전문 상담사
- 2000-2008 극동방송 "주님을 찬양하며"."Praise Songs in English" 제작 및 진행
- 2002 FIFA WORLD CUP 한 미전 미국국가 독창
- 빌리그래함 전도대회(암스텔담), 세계 침례교 총회(호주) 특별찬양
- 한국 온누리 교회 영어예배, 미국 Highland Baptist Church 사역자 역임
- 숙명여대 영문과 교수 역임
- 미국 법원 지정 통역인 역임(한국어/영어)
- 전 대한항공 국제선 승무원

■ 학력

- 연세 대학교 연합 신학 대학원 상담,심리치료 고급 과정 졸업 및 1급 자격증
- 미국 남침례 신학대학원 졸업 (M.A., The Southern Baptist Theological Seminary)
- Clinical Pastoral Education-임상목회상담교육
- 연세대 음대 졸업(성악전공)

실용서, 편집부 저자 스테디셀러

악필교정의 정석1	최재민(법률저널)
21세기 한글 펜글씨 교본	이상남(청장글터사)
한국인이 가장 좋아하는 명시 407	
똥 눌 때 보는 신문	삼장출판사 편집부
초등학생을 위한 탈무드 111가지	세상모든책 편집부
자녀를 위한 무릎 기도문	나침반 편집부
아기 초점책	애플비 편집부

자료:교보문고,예스24

동아일보

동아일보- 2016년 2월 4일자

가정❶ 자녀를 위한 무릎기도문
가정❷ 가족을 위한 무릎기도문
가정❸ 남편을 위한 무릎기도문
가정❹ 아내를 위한 무릎기도문
가정❺ 태아를 위한 무릎기도문
가정❻ 아가를 위한 무릎기도문
가정❼ 재난재해안전 무릎기도문(부모용)
가정❽ 재난재해안전 무릎기도문(자녀용)
가정❾ 십대의 무릎기도문(십대용)
가정❿ 십대지녀를 위한 무릎기도문(부모용)

교회❶ 태신자를 위한 무릎기도문
교회❷ 새신자 무릎기도문
교회❸ 교회학교 교사 무릎기도문

365❶ 우리 부모님을 지켜 주옵소서(365일용)
365❷ 번성하게 하고 번성하게 하소서(365일용)
365❸ 자녀축복 안수 기도문(365일용)

기도❶ 선포(명령) 기도문

망망한 바다 한가운데서 배 한 척이 침몰하게 되었습니다.
모두들 구명보트에 옮겨 탔지만 한 사람이 보이지 않았습니다.
절박한 표정으로 안절부절 못하던 성난 무리 앞에 급히 달려 나온 그 선원이
꼭 쥐고 있던 손바닥을 펴 보이며 말했습니다.
"모두들 나침반을 잊고 나왔기에 … "
분명, 나침반이 없었다면 그들은 끝없이 바다 위를 표류할 수밖에 없을 것입니다.

삶의 바다를 항해하는 모든 이들을 위하여 우리는 그 나침반의 역할을 하고 싶습니다.
우리를 구원하신 위대한 주 예수 그리스도를 널리 전하고 싶습니다.

"하나님은 모든 사람이 구원을 받으며
 진리를 아는 데에 이르기를 원하시느니라"
(디모데전서 2장 4절)

하나님이 하십니다!

지은이 ｜ 정경주
발행인 ｜ 김용호
발행처 ｜ 나침반출판사

제1판 발행 ｜ 2016년 4월 25일

등   록 ｜ 1980년 3월 18일 / 제 2-32호
주   소 ｜ 157-861 서울 강서구 염창동 240-21 블루나인 비즈니스센터 B동 1607호
전   화 ｜ 본사 (02) 2279-6321 / 영업부 (031) 932-3205
팩   스 ｜ 본사 (02) 2275-6003 / 영업부 (031) 932-3207
홈   피 ｜ www.nabook.net
이 메 일 ｜ nabook@korea.com / nabook@nabook.net

ISBN   978-89-318-1513-9
책번호   가-9052

값은 뒷표지에 있습니다.